CEO, 어떤 책을 읽는가

CEO, 어떤 책을 읽는가

지은이 | 박경옥

초판 1쇄 발행 | 2014년 1월 7일

발행처 | 도서출판 작은씨앗
공급처 | 도서출판 보보스
발행인 | 김경용
기획 | (주)엔터스코리아 작가세상

등록번호 | 제 300-2004-187호   등록일자 | 2003년 6월 24일

주소 | 서울시 서초구 우면동 77-13
전화 | (02) 333-3773   팩스 | (02) 735-3779
이메일 | ky5275@hanmail.net

ISBN 978-89-6423-166-1 13320

값은 뒤표지에 있습니다.
잘못된 책은 구입하신 서점에서 바꾸어 드립니다.

이 도서의 국립중앙도서관 출판시도서목록(CIP)은 서지정보유통지원시스템 홈페이지(http://seoji.nl.go.kr)와
국가자료공동목록시스템(http://www.nl.go.kr/kolisnet)에서 이용하실 수 있습니다.
(CIP제어번호: CIP2013027473)

나와 세상을 변화시키는  책읽기

CEO, 어떤 책을 읽는가

박경옥 지음

서문
책 속에서 만나는 책 밖의 세상

마른 잎이 땅속으로 숨을 겨를도 없이 계절은 또 한 번 운명 같은 변화를 통과하려 합니다. 어제 보았던 풍경이 하루가 다르게 변하는 것을 보고 있노라면 지나간 서툰 기억이 아련한 추억으로 자리매김하는 것을 느낍니다. 이렇게 저무는 계절이 오면 우리는 뒤척이던 많은 사연을 이해하게 되며 감사해야 할 일들이 떠오릅니다. 한 해 동안의 시간을 촘촘히 보듬어 새 생명을 키우는 겨울처럼 책은 우리의 생각을 다독여 삶을 성장하게 하는 가장 값진 자양분입니다. 일찍이 소동파는 "만 권의 책을 읽고 만 리 길의 여행을 떠나라"고 말했습니다. 만 권의 책은 인생에서 맞닥뜨리게 될 다양한 도전과 위기에도 균형을 잃지 않도록 해주는 중요한 무기가 될 것입니다. 그렇다면 과연 어떤 책을 읽어야 할까요?

　세상에는 헤아릴 수 없이 많은 책이 있습니다. 하루에도 수십, 수백 권씩 쏟아져 나오는 책 중에서 좋은 책을 선택하기란 여간 어려운 일이 아닙니다. 하지만 책을 고르는 것은 책을 읽는 것만큼이나 중요한 문제입니다. 좋은 책이 우리의 삶을 풍요롭게 만드는 것처럼 나쁜 책은 너무 쉽게 우리의 정신을 파괴하니까요. 그런 이유로 저는 여러 해 동안 다양한 책을 숙독한 끝에 우리 삶을 완숙으로 이끌 좋은 책을 엄선하여 SERICEO 회원분들에게 소개하는 작업을 해왔습니다. 다행히 제 글을 받아보신 많은 경영자분들께서 공감의 메시지를 전해주셨고 그 따뜻한 격려에 힘입어 이렇게 30권의 귀한 책을 소개하게 되었습니다. 여기에 수록된 30권의 책 속에는 다양한 사람들의 다양한 인생 이야기와 지혜가 담겨 있습니다. 숱한 고난 속에서도 방향을 잃지 않고 묵묵히 신념을 지키며 자신의 길을 걸어간 사람들의 이야기는 세상에 대한 이해를 증진하고 지나온 삶을 돌아볼 좋은 기회를 줄 것입니다. 더불어 우리가 어제보다 더 나은 내일을 준비하는 데 훌륭한 밑거름이 될 것입니다.

  이 책이 나오기까지 지원과 격려를 아끼지 않으신 분들이 많습니다. 가장 먼저 30권의 책을 써주신 각각의 저자분들에게 감사를 드리고자 합니다. 또한 저의 부족한 글이 한 권의 책이 될 수 있도록 이끌어주신 씨크릿우먼 김영휴 대표님과 엔터스코리아 양원근 대표님 그리고 최원정 과장님께도 감사를 드립니다. 졸저의 출판을 흔쾌히 수락해주신 작은씨앗 김경용 대표님과 이재두 실장님, 편집자인 음정미 씨에게도 감사의 마음을 전합니다. 지난 10년 간 SERICEO를 통해 제 글을 받고 격려를 보내주신 회원 여러분께도 고개 숙여 감사드립니다. 삼성경제연구소와 SERICEO가 없었다면 이 책은 세상과 만나지 못했을 겁니다. 함께 하는 동안 가족처럼 아껴준 동료들과 상사에게 뜨거운 감사의 말을 전하며 더하여 훌륭한 지도력으로 이끌어주시고 따뜻한 추천사를 써 주신 인생 선배님들에게도 깊은 감사를 드립니다. 그리고 부족한 딸을 언제나 애정으로 돌봐주시는 부모님과 동생들에게도 고마움을 전합니다. 늘 무언가를 시도하느라 분주한 여자를 사랑으로 지지해주는 남편에게도 깊은 감사와 사랑을 전합니다. 마지막으로 바쁘게 사는 엄마에게 불평 한마디 하지 않고 씩

씩하게 커가는 세 아이에게 사랑한다는 말을 전하고 싶습니다.

이 책에 담긴 지혜와 성찰이 개인과 공동체의 삶을 보다 풍요롭게 만드는 데 작은 역할을 할 수 있다면, 힘겨운 시대를 살아가는 이들에게 잠시 쉬어 가는 쉼표가 될 수 있다면, 더하여 지속가능한 세상을 위해 이롭게 쓰일 수 있다면 그보다 큰 기쁨은 없을 것입니다. 세상이 유지될 수 있는 것은 자신의 자리를 지키고 있는 평범한 사람들이 있기 때문입니다. 그것은 바로 여러분입니다. 여러분께 이 책을 바칩니다.

햇살이 머무는 작은 도서관에서 박 경 옥

차례

제 1 장
세상을 움직이는 리더의 길

01. 나는 리더로서 자격이 있는가 **14**
　　『리더는 사람을 버리지 않는다』

02. 대가가 알려주는 경영의 지혜 **20**
　　『CEO, 고전에서 답을 찾다』

03. 리더를 만드는 다섯 가지 안목 **36**
　　『승자의 안목』

04. 고전에서 배우는 리더의 덕목 **44**
　　『생각』

05. 생각이 모든 것을 이룬다 **52**
　　『카르마 경영』

제 2 장
삶과 사람에 대한 진정한 이해

06. 밥보다 더 귀한 접촉 **60**
　　『닿는 순간 행복이 된다』

07. 단순한 삶, 그 풍요를 위하여 **66**
　　『심플하게 산다』

08. 인생과 운명을 찬미하다 **74**
　　『살아온 기적 살아갈 기적』

09. 착각해서 더 행복한 세상 **78**
　　『가끔은 제정신』

10. 사색하는 삶은 방향을 잃지 않는다 **86**
　　『처음처럼』

제 3 장
**더 나은
미래를 위한
냉철한 안목**

11. 작은 것들, 그 속에 보이지 않는 기적 ·········· 94
    『디테일의 힘』

12. 우리의 성공에 대하여 ·· 100
    『우리는 어디로 가고 있는가』

13. 우리가 나아갈 올바른 생존경쟁 ··················· 110
    『삶의 정도』

14. 미래를 창조하는 위대한 통찰 ······················· 122
    『드러커 100년의 철학』

15. 남다른 결과를 만드는 비결 ··························· 132
    『태도의 차이』

제 4 장
**인생에 대한
끝없는 질문**

16. 삶은 순간순간 새로운 시작이다 ··················· 142
    『살아 있는 것은 다 행복하라』

17. 마음을 흔드는 선택의 비밀 ··························· 148
    『스웨이』

18. 인생길에 동행하는 고전 필수품 ················· 158
    『3분 고전』

19. 어디를 보는가 ·· 166
    『스님의 사춘기』

20. 유리병 편지에 담긴 철학 ·································· 172
    『철학이 필요한 시간』

제 5 장

따뜻한
세상을 위한
아름다운
공존

21. 삶의 전환점에서 만나는 인생수업 ·············· **188**
    『마음을 열어주는 101가지 이야기』

22. 어른의 주머니를 비우자 ·············· **196**
    『어린아이처럼』

23. 너무 많은 인생의 짐 ·············· **206**
    『인생의 절반쯤 왔을 때 깨닫게 되는 것들』

24. 오래된 보석, 그 빛 ·············· **212**
    『못 가본 길이 더 아름답다』

25. 깨어 있어야 보인다 ·············· **218**
    『어른의 학교』

제 6 장

내가
행복하면
세상도
행복하다

26. 인생의 하강을 즐기는 법 ·············· **224**
    『내가 알고 있는 걸 당신도 알게 된다면』

27. 우리가 지금 해야 할 소중한 것들 ·············· **232**
    『살아 있는 동안 꼭 해야 할 49가지』

28. 무엇이 우리를 행복으로 이끄는가 ·············· **246**
    『행복의 조건』

29. 인류는 여성적인 세상으로 진화한다 ·············· **252**
    『여성 학교』

30. 인생에서 가장 멋진 시간, 노년 ·············· **260**
    『나는 죽을 때까지 저미있게 살고 싶다』

제 1 장

세상을 움직이는 리더의 길

01

『리더는 사람을 버리지 않는다』
김성근 | 이와우

『CEO, 고전에서 답을 찾다』
유필화 | 흐름출판(SERI 추천도서)

『승자의 안목』
김봉국 | 센추리원(SERI 추천도서)

『생각』
허성도 | 사람과책

『카르마 경영』
이나모리 가즈오 | 서돌(SERI 추천도서)

01. 나는 리더로서 자격이 있는가

『리더는 사람을 버리지 않는다』
김성근 | 이와우

많은 이들이 리더가 되기를 꿈꿉니다. 또한 우리 사회에는 조직의 수만큼이나 많은 리더들이 활동하고 있습니다. 하지만 진정한 리더십을 갖춘 리더를 만나기란 여간 어려운 게 아닙니다. 많은 이들이 리더로서 성공을 꿈꾸며 리더의 자리를 지키기 위해 애쓰지만 정작 무엇이 중요한지는 잘 모르고 있습니다. 경영학의 구루인 피터 드러커는 "우리가 사는 동안 절대로 잊지 말아야 할 한 가지가 있다면 반드시 다른 사람의 삶에 변화를 일으켜야 한다는 것이다"라고 말했습니다. 그의 말은 타인의 삶에 영향력을 발휘해야 하는 리더의 역할에 대해 고민하게 합니다. 그렇다면 과연 진정한 리더란 어떤 사람일까요? 40년 동안 프로 야구 선수들의 리더로 살아온 김성근 감독에게서 그 해답을 찾아보고자 합니다.

세상에 완벽한 사람은 없다. 열 개 중에 하나만 잘해도 그는 이 세상에 필요한 사람이다. 쓸모없는 사람은 없다. 이 말을 기억해야 한다. 다만 이를 알아보지 못하는 리더만 있을 뿐. 내가 생각하는 리더의 참 모습은 여기서부터 출발한다.

— 본문 중에서

어떤 리더가 되어야 하는가

누군가의 리더가 된다는 것은 그의 인생의 일부를 책임지는 것과도 같습니다. 좋은 리더는 자신이 이끄는 사람의 인생을 긍정적으로 바꾸지만, 준비되지 않은 리더는 그 사람의 소중한 시간을 낭비하고, 나아가 조직을 망치게 됩니다. 그만큼 리더의 영향력은 막강합니다. 그러므로 좋은 리더가 되기 위해서는 철저한 준비와 훈련이 필요합니다. 또한 냉철한 이성과 분별력이 있어야 합니다. 김성근 감독은 이에 더하여 '가슴으로 이끌어주는 리더십'을 제안합니다. 그는 리더의 필수 덕목으로 사람의 가치를 알아보는 것, 즉 선수의 숨은 가능성을 발굴하는 것을 꼽습니다. 그다음 역할은 그들을 믿고 기다리는 겁니다. 그는 "나는 느리지만 포기하지 않았다"라고 말합니다. 자신이 발견한 인재를 믿고 기다려주는 인내심이 중요하다는 겁니다.

선수 맞춤형 지도법

김 감독의 탁월한 리더십은 맞춤형 지도법으로도 유명합니다. 그는 선수들의 모든 것을 세심하게 관찰했고, 그들의 변화에 민감하게 대응했습니다. 선수들의 모든 것을 아는 것이야말로 리더가 갖추어야 할 기본이라고 보았던 겁니다. 아무리 뛰어난 인재라 하더라도 자신을 알아주는 사람을 만나지 못한다면 빛을 보기 어려울 겁니다. 좋은 리더는 분명한 기준에 따라 인재를 발굴하고 꾸준히 지켜보면서 그가 스스로 가능성을 펼칠 수 있도록 유도하는 사람입니다.

어느 날 2군에서 지내고 있던 류택현 선수에게 김 감독이 말했습니다. "등에서 칼을 빼듯 던져라." 류 선수는 그의 말을 가슴속에 간직하고 훈련 매뉴얼로 삼았습니다. 그의 조언은 류 선수를 오랫동안 세심히 관찰하여 얻은 결과였기 때문에 류 선수에게 실질적인 도움이 되었습니다. "훈련은 무조건 양만 많다고 되는 게 아니다. 평고를 치더라도 가운데로만 100개냐, 아니면 최대한 양 사이드로 100개냐, 강약 조절은 어떻게 들어가느냐가 다 다르다. 선수마다 다르고 시기마다 다 다르다. 그런 세밀한 차이가 훈련의 질을 결정짓는다." 그의 매뉴얼은 아직도 완성되지 않았다고 합니다. 계속해서 선수를 관찰하며 새로운 것을 발견하고 보완에 보완을 거듭해가기 때문입니다.

이렇듯 김 감독의 맞춤형 지도법은 끈질긴 관찰에서 비롯됩니다. 그에 의하면 본다는 것에는 '견(見), 관(觀), 진(診)'의 3단계가 있는데, 리더에게 가장 필요한 것은 '진(診)'으로 이는 가장 깊은 곳까지 볼 수 있는 눈을 말합니다. 선수들은 쉴 새 없이 움직이며 자신들을 관찰하는 그의 눈을 보고 '잠자리 눈'이라는 별명까지 붙여주었습니다. "승리와 패배는 1센티미터, 1퍼센트로 갈린다. 리더는 그걸 먼저 보는 사람이다. 리더가 가져야 할 눈은 바로 진(診)이다." 미래를 볼 수 있는 눈은 리더가 기필코 도달해야 하는 목표이기도 합니다.

조직을 운영하는 요령

그는 조직이 언제나 리더의 생각보다 한발 뒤에 있다고 말합니다. 리더는 다른 이들이 하지 못하는 고민을 찾아서 하고, 언제나 남보다 한발 먼저 움직여야 한다는 겁니다. 어제의 원칙은 상황에 따라 얼마든지 바뀔 수 있습니다. 그렇지 않으면 더 이상 유용한 원칙이 아닙니다. 그러므로 리더는 매번 상황의 변화를 주시해야 합니다. 마찬가지로 그는 미래에 대비하기 위해 조직의 상태를 명확히 파악하고 철저하게 준비할 것을 강조했습니다. "준비해야 한다. 철저하게 준비하면 어떠한 상황이 오더라도 대처할 수 있다. 가진 것이 많더라도 준비하고, 가진 것이 부족하면 더욱 완벽하게 준비해라. 기적은 준비된 자에게만 찾아오는 선물이다."

프로 선수나 감독에게 가장 어려운 일은 당연히 우승일 겁니다. 그보다 더 어려운 일은 두 번째 우승이고, 그보다 더 어려운 일은 세 번째 우승입니다. 첫 번째보다 두 번째가 더 힘들고, 두 번째보다 세 번째가 더 힘든 이유는 나태와 안일함이 몇 배나 늘어나기 때문입니다. 그러므로 리더는 달성 가능한 구체적인 목표를 제시해서 구성원의 나태를 긴장으로 바꾸어야 합니다. 적당한 난이도의 목표는 팀 속에 적당한 긴장과 활력을 불어넣습니다. 그러면 팀원 각자가 정신력으로 연결되고, 서로 믿는 끈끈한 소속감이 생겨나 팀 전체의 힘이 강력해집니다.

그는 또한 절망적인 현실 속에서도 희망을 찾아주고자 노력하는 리더였습니다. 그는 선수들에게 스스로 한계를 두지 않아야만 발전할 수 있다고 자주 강조했습니다. 현실이 아무리 바닥이더라도 희망을 잃지 않고 새롭게 출발한다면 최악을 최선으로 만들 수 있다는 겁니다. 그런 가르침은 많은 선수들이 슬럼프를 극복하고 다시 일어서는 데 도움을 주었습니다.

사람에 대한 진심

김 감독의 리더십을 이해하기 위해 가장 중요한 것은 '진심이 있어야 마음을 얻을 수 있다는 믿음'일 겁니다. 사람은 자기를 알아주는 사람을 위해 헌신하기 마련입니다. 누군가를 알아준다는 것은 그의 장점은 물론이고 단점마저도 포용하는 것을 뜻합니다. 리더는 구성원이 힘들 때 그의 짐을 나누어 들고, 때에 따라서는 그의 모든 짐을 들어줄 마음까지 있어야 합니다. 또한 구성원에게 날아오는 화살과 창을 막아줄 방패를 준비해야 합니다. 그 방패의 이름은 '진심'입니다. 마찬가지로 리더는 누구에게든 마음을 열고 대해야 하며 편견을 가져서는 안 됩니다. 진실의 반대는 거짓이 아니라 편견이라는 말이 있습니다. 편견은 리더의 눈을 멀게 하는 독약과도 같습니다. 편견이 없어야만 사람을 제대로 볼 수 있고 인재를 발견할 수 있습니다.

아시다시피 김성근 감독은 프로 야구 감독이 된 지 25년이 지나서야 첫 우승을 달성했습니다. 왜 그렇게 오래 걸렸느냐고 물을 수도 있지만 그런 질문은 단지 세상의 관점에 불과한 것입니다. 그가 40년 동안 프로 야구 감독으로서의 자리를 유지한 비결은 우승 실적이나 기록 따위가 아닙니다. 어떤 선수도 포기하지 않고 그 나름의 장점을 성장으로 이끌어낼 수 있는 원동력, 바로 '사람에 대한 진심'이 있었기에 가능한 것이었습니다. 당장은 진심이 통하지 않더라도 언젠가는 결실이 나타날 거라는 믿음. 이는 다른 말로 '사람에 대한 존중'이라고도 할 수 있습니다. 그냥 '사람'이 아니라 '그 사람'이라는 것이 핵심입니다. '그 사람'이란 유일무이한 바로 그 한 사람을 말하는 것입니다. 그에게는 선수들 한 사람 한 사람이 '그 사람'이었던 것입니다.

"왜 이렇게 모질게 선수들만 바라보고 살았느냐고? 그럼 어떡해. 그들의 꿈과 미래가 내 어깨에 있는데……." 김성근 감독의 말은 책을 덮고 난 뒤에도 한동안 가슴을 먹먹하게 합니다. 자신이 이끄는 공동체와 구성원을 위해 기꺼이 헌신할 것을 마다하지 않는 사람이야말로 진정한 리더가 아닐까 합니다. 혁혁한 업적이나 외부의 평판도 중요하지만 무엇보다 함께한 이들에게 존경받는, 진심을 가진 리더가 절실히 필요한 시대입니다.

02. 대가가 알려주는 경영의 지혜

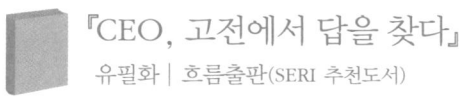

『CEO, 고전에서 답을 찾다』
유필화 | 흐름출판(SERI 추천도서)

괴테는 "지난 3000년의 역사를 활용하지 못하는 사람은 하루살이 같은 인생을 살 뿐이다"라고 말했습니다. 그런 인생을 살지 않으려고 했는지, 리더들은 늘 역사 속에 현실의 문제를 비추어 보고, 고전에서 그 해결책을 찾고자 했습니다. 유필화 교수는 경영학자로는 드물게 고전과 역사를 탐독한 분입니다. 그는 고대부터 현대를 아우르는 8명의 위대한 사상가와 현대 경영의 핵심을 접목하는 통찰력을 보여줍니다.

1. 세네카의 사상

1) 전략과 의지

가장 먼저 소개할 세네카는 기원전 4년에 태어난 로마의 대표적인 철

> 지나간 것을 좇지 말고 아직 오지 않은 일은 마음에 두지 말라.
> 과거는 이미 흘러가 버렸으며 미래는 아직 이르지 않았다.
> 그러므로 단지 지금 하고 있는 일만을 있는 그대로 잘 관찰하라.
> 흔들림 없이 동요 없이 오직 오늘 해야 할 것을 열심히 하라.
>
> 〈중부경전 131, 일야현자경〉
> ─ 본문 중에서

학자이며 정치가입니다. 그는 자신의 첫 번째 사상인 전략과 의지에 대해 이렇게 표현합니다. "어떤 일이 어려워서 우리가 과감히 시도하지 못하는 것이 아니라, 우리가 과감히 시도하지 않기 때문에 그것이 어려운 것이다." 이처럼 세네카는 '의지'가 모든 것의 시작이라고 강조합니다. 세네카의 '의지'가 현대 경영에서 중요하게 다뤄지는 이유는 그것이 '전략'의 핵심 요소이기 때문입니다. 전략의 성패 여부는 기업의 구성원이나 팀의 의지에 달렸다고 해도 과언이 아닐 겁니다. 그래서 세네카는 전략이 '영원한 인내'에 바탕을 두고 끈질기게 활동한 결과임을 역설합니다.

2) 학습문화와 정보 공유

세네카는 "사람은 원하지 않는 것을 배울 수는 없다"고 말했습니다.

그렇다면 관건은 배우는 것을 원하도록 만드는 일일 겁니다. 오늘날 기업 조직은 학습문화를 통해 그것을 실현하고자 합니다. 이미 모두가 실감하고 있는 것처럼 개인과 기업의 경쟁우위의 원천은 바로 지식입니다. 기업의 경쟁력은 직원들의 잠재력이 발휘될 때 더욱 강력해지는데, 학습문화는 직원들의 잠재력을 이끌어내는 좋은 수단입니다. 그리고 지식과 정보는 공식적이거나 비공식적인 경로를 통해 사람에서 사람으로, 부서에서 부서로 전파됩니다. 그럼으로써 개인의 지식은 전체 조직의 지식이 될 수 있습니다.

2. 손자의 사상

1) 속전속결의 원칙

현대 사회에는 모든 것이 점점 빠르게 진행되고 있습니다. 이와 같은 속도의 시대에는 기업 간의 경쟁도 규모가 아닌 속도를 통해 이루어집니다. 중국의 손자는 이미 2500년 전에 『손자병법』의 제2장 「작전편」에서 다음과 같이 말하고 있습니다. "전쟁을 해서 이길지라도 시간을 오래 끌면 병기가 무디어지고 병사들의 사기가 떨어진다. 그리하여 군대가 성을 공격하면 곧 힘이 다하고, 또한 전투가 길어지면 나라의 재정이 바닥나게 된다. 이렇게 되면 비록 지혜 있는 사람들이 있다 할지라도 사태를 수습할 수 없다. 그러므로 뛰어난 작전은 오래 끌지 않는 법이다. 무릇 질질 끄는 전쟁이 나라에 혜택을 준 적은 지금까지 없었다." 손자가 말한 속전속결의 원칙을 그대로 적용한 사례는 현대에도 많습니다. 컴퓨터 전문회사인 컴팩은 신제품 개발 과정의 여러 단계를 동시에 밟아서 평균 18개월 정도 걸리는 기간을 6~9개월로 줄였고, 삼성전자의 보르도 TV는 상품 기획 단계에서부터 개발, 출하까지의 전 과정을 동시에 진행해 시장에 나오는 시간을 절반으로 단축했습니다. 시간 경쟁의 시대에는 큰 것이 작은 것을 먹는 것이 아니라 빠른 것이 느린 것을 먹는다는 것을 기억해야 합니다.

2) 지피지기

지피지기(知彼知己)야말로 손자의 사상 중에서 현대 경영에 적용할 수 있는 핵심적인 사상일 겁니다. 이는 상대방을 바로 알고 자신의 강점을 더욱 강화하는 전략입니다. 여기서 상대방이란 경쟁사와 시장 그리고 고객을 가리킵니다. 손자의 가르침을 현대 경영의 관점에서 풀어보면 상대방이 경쟁우위를 갖지 않은 부문을 파악해서 최대한 빨리 그 부문을 선점해야 한다는 말이 됩니다. 기업들이 쉽게 손대기 어려운 부문을 먼저 공략하면 상대 기업은 곤혹한 상황에 처하게 됩니다. 손자는 이미 2500년 전에 경쟁사에 대한 정보의 중요성을 다음과 같이 표현했습니다. "적을 알고 나를 알면 백 번 싸워도 위태하지 않다. 그러나 적을 모르고 나를 알면 이길 확률과 질 확률이 똑같다. 그리고 적도 모르고 나도 모르면 싸울 때마다 반드시 진다."

3. 석가의 사상

1) 자리이타와 고객만족

세 번째로 만나볼 대가는 고객만족의 중요성을 최초로 일깨워준 석가입니다. 석가의 중심 사상은 '남을 이롭게 하면 그 이로움이 자기에게 돌아온다'는 자리이타(自利利他)의 정신입니다. 이는 현대 기업 경영에서 중시하는 고객지향의 정신과도 닮아 있습니다. 하버드 경영대학원의 테오도르 레빗 교수는 "비즈니스란 상품을 생산하는 과정이 아니라 고객을 만족시키는 과정이다"라고 말한 바 있습니다. 그 정도로 고객만족은 현대의 기업경영에서 가장 핵심적인 이론입니다. 자리이타의 정신을 바탕으로 고객을 섬기는 것은 기업의 번영을 위한 최고의 지름길이 될 수 있습니다.

2) 원(願)을 세우고 실천하라

불교에서는 또한 삶의 뚜렷한 목표를 세우고 자주적인 인생을 위해 간절한 원(願)을 세우라고 말합니다. 경영자가 회사를 위해 비전을 만들고 회사의 방향을 제시하는 것 역시 회사의 간절한 원을 세우는 행동입니다. 기업과 개인이 원을 세운 다음에는 줄기찬 실행과 정진이 있어야만 합니다. 석가의 사상이 오늘날 기업 경영에서 유의미한 또 다른 이유는 현실과 현장에서의 실천을 중요시했다는 점입니다. 다음의 일화는 불교의 실천 중시 사상을 잘 보여줍니다.

당나라의 유명한 시인인 백낙천이 한 고을의 관직을 맡아 부임하게 되었다. 그 고을에는 '새둥지 스님'이라고 불리는 선사가 살고 있었다. 하루는 백낙천이 이 스님을 찾아가 물었다. "도대체 불교란 무엇입니까?" "불교란 대단한 것이 아니라 나쁜 짓 하지 말고 착한 일 하라는 것이야." 백낙천은 거창한 법문을 기대했는데, 듣고 보니 너무 시시해서 이렇게 말했다. "그까짓 것, 세 살 먹은 어린애도 알 수 있는 것 아니오." 백낙천의 말이 떨어지기 무섭게 선사는 말했다. "세 살 먹은 어린애도 알기는 쉽지만, 팔십 먹은 늙은이도 행하기는 어려우니라."

3) 토론문화와 신중함

그밖에도 석가의 가르침 중에는 오늘날의 경영 이론에 적용할 만한 진리들이 많이 있습니다. 바람직한 토론문화 역시 그중 하나인데요, 원활한 의사소통은 기업의 프로세스가 제대로 작동하는 전제 조건입니다. 바람직한 토론문화는 의사소통을 활성화시킨다는 점에서 기업의 중요한 자산이 됩니다.

앞서 속도의 경제가 기업 성패의 주요인이라는 점을 밝혔듯이 빠른 의사결정과 그에 따른 신속한 실행은 경쟁우위의 원천이 됩니다. 그러나 석가는 그런 때일수록 정보의 정확성을 확인하고 깊이 생각하는 여유를 가져야 한다고 말합니다. "유리하다고 교만하지 말고, 불리하다고 비굴하지 마라. 무엇을 들었다고 쉽게 행동하지 말고, 그것이 사실인지 깊이 생각하여 이치가 명확할 때 과감히 행동하라." 충분히, 그리고 깊이 생각한 뒤에 행하는 과감한 실천은 사업의 성공과 곧바로 연결됩니다.

4. 마키아벨리의 사상

어떤 사람들은 마키아벨리를 세상에서 가장 위험한 현자라고 일컫습니다. 그는 『군주론』에서 권력을 얻고 유지하기 위한 온갖 기회주의적인 행동과 수단을 피력한 바 있습니다. 그럼에도 불구하고 많은 이들이 이 책을 불후의 명저로 꼽는 데는 그만한 이유가 있습니다.

1) 인사관리

마키아벨리식 직원 다루기는 사실 매우 간단합니다. 일 잘하는 직원은 자주 칭찬하고, 일 못하는 직원이 회사에 기여하는 바가 크지 않을 때는 차라리 해임하며, 직원들에게 실제로 달성하고자 하는 것보다 더 많은 것을 요구하라는 것입니다. 동기부여와 승진에 있어서는 조금씩 자주, 그리고 부하직원이 기대하지 않을 때 실행해야 성과를 올릴 수 있다고 말합니다. 또한 아랫사람을 키울 때는 자신을 위협하지 않는 범위 내에서 밀어주고, 공명심이나 야심이 있는 부하는 예의주시하라고 당부합니다.

2) 리더십

마키아벨리는 리더십에 있어서도 기존의 통념에서 벗어난 해법을 제시합니다. 그의 리더십의 핵심은 '주고받기'입니다. 군주는 장관에게 명예와 부를 주고 대신 자신에게 충성을 다하게 한다는 겁니다. 또한 마키아벨리는 지도자의 행동 방식에 대해 우리의 상식과는 사뭇 다른 주장을 합니다. "어느 한쪽의 편을 확실히 들어주고 다른 편이 적이라는 점을 명확히 하면 중립을 지키는 것보다 더 나은 결과가 온다." 지도자는 자신의 생각을 확고하게 유지하고 비판을 두려워하지 말아야 한다는 것이 그의 생각입니다.

3) 시장경쟁

마키아벨리는 시장에서의 경쟁을 강조한 것으로도 유명합니다. 그는 우선 경쟁사를 선별해서 차별적으로 대하라고 말합니다. 약한 경쟁자를 보호하고 그들과 협력하여 강력한 경쟁자의 시장 진입을 막아야 한다는 점, 시장의 균형이 깨지더라도 수익성이 현저히 감소하는 것을 막아주는 안전장치가 필요하다는 점을 역설합니다. "군주는 사냥하러 나가면서 수시로 나라의 산과 골짜기, 평야, 강 등의 지형을 자세히 연구하고 신중히 익혀야 한다. 국토를 이해하면 그것을 지키는 방도를 더 잘 세울 수 있고, 나아가 영토에 대한 실용적인 지식 덕에 다른 나라의 지형을 보다 잘 이해할 수 있다." 그의 주장을 현대 경영에 그대로 적용하면, 시장에서의 경쟁을 위해서는 시장조사가 이루어져야 한다는 것을 알 수 있습니다. 경쟁에 뛰어들기에 앞서 끊임없이 변화하는 시장의 동향을 정확히 관찰하고, 상황에 맞는 전략을 수립해야만 시장에서의 성공 가능성을 높일 수 있다는 말입니다.

5. 클라우제비츠의 사상

다음으로 소개할 사상가는 『전쟁론』의 저자이자 프로이센의 장교였던 칼 폰 클라우제비츠입니다. 클라우제비츠의 핵심 사상은 '전략'입니다. 그는 "전략이란 언제, 어디서, 어떤 병력으로 싸울 것인가를 정하는 것이다. 따라서 전략은 이 세 가지 사항에 대한 결정을 통해 싸움의 결말에 큰 영향을 미친다"라고 말했습니다. 이는 경영학에서 전략을 목표 달성을 위한 계획(언제, 어디서, 두엇으로 어떻게 목표를 이룰 것인가)으로 보는 것과 일치합니다.

  클라우제비츠는 또한 '전략의 포괄성'을 주장하며 예상외의 상황을 염두에 두어야 한다고 말합니다. 즉 목표 달성 확률을 높이기 위해 자금, 시간 등의 예비 자원을 확보하라는 겁니다. 이때 '전략의 포괄성'이란 실제 시장에서 계획을 바꿔야 하는 상황이 끊임없이 일어나기 때문에 시장에서 익힌 현장 감각을 바탕으로 수시로 전략을 수정할 수 있어야 한다는 것을 표현하는 말입니다. 이는 기업의 경영자도 고객과의 접촉을 통해 고객의 소리에 귀를 기울이고, 적절한 시점에 고객의 욕구를 충족시켜야만 성장을 지속할 수 있다는 말로 이해할 수 있습니다.

6. 피터 드러커의 사상

이번에는 20세기가 낳은 가장 뛰어나고 영향력 있는 경영사상가를 소개하겠습니다. 바로 피터 드러커입니다. 초일류기업 GE의 잭 웰치는 그를 두고 다음과 같이 말했습니다. "세계는 그가 20세기의 가장 위대한 경영사상가였다는 것을 이미 알고 있다." 그가 현대 기업과 경영자들에게 얼마나 많은 영향을 미쳤는지 짐작할 수 있는 대목입니다.

피터 드러커는 보통의 경영학자들에게서는 찾기 어려운 강점을 가진 인물이었습니다. 먼저 역사에 관한 방대한 지식을 바탕으로 과거와 현재를 연결하고 미래를 예견하는 탁월한 창의성을 들 수 있습니다. 또한 그는 인간 중심의 경영 철학을 바탕으로 기업 성공의 열쇠가 헌신적인 직원에 있다고 보았으며, 특히 지식노동자들이 새로운 경제의 주역이 될 거라고 믿었습니다. 그러므로 그들이 창의력을 발휘할 수 있도록 기업이 자율권을 부여해야 한다고 주장했습니다. 오늘날 지식노동자들의 생산성을 극대화하고 있는 골드만삭스나 베인앤컴퍼니 같은 회사는 초일류기업으로 성장했습니다. 그밖에도 그는 효과적인 경영을 위해 목표에 의한 관리(MBO)를 강조했으며, 경영자가 스스로 자신의 성과를 통제하고 측정하는 것이 바람직하다고 보았습니다.

그가 제시하는 미래 사회의 여섯 가지 모습은 다음과 같습니다. 첫째, 고령화에 따라 제2의 직업과 경력이 사회의 주요 쟁점이 된다고 했습니다. 둘째, 새로운 노동 계층인 지식노동자의 비중이 높아지고, 사회적·경제적 지위의 무한 상승이 가능해짐과 동시에 그만큼의 심리적 압박과 불안에 시달린다고 했습니다. 셋째, 2020년에 선진국의 제조업 생산량은 최소 2배 이상 증가하지만, 과거 제조업을 바탕으로 한 개발도상국들의 경제 기적을 다시 보기는 어려울 거라고 말했습니다. 넷째, 미래 기업의 생산 수단은 지식이며, 회사에 소속되지 않은 근로자들의 비율이 높아지고, 고객이 정보를 갖게 되면서 힘의 중심축이 고객에게 이동할 것이라고 보았습니다. 또한 한 산업에서 필요로 하는 지식이 전혀 다른 산업이나 전혀 다른 기술에서 나오는 일이 많아진다고 했습니다. 다섯째, 미래의 최고경영자들에게는 보다 힘든 과제가 주어질 것이라고 했습니다. 즉 기업과 조직의 독특한 개성을 확립하면서 경제조직, 인간조직, 사회조직으로서의 다양한 역할을 수행하도록 균형 있는 관리를 해야 한다는 겁니다. 여섯째, 정보혁명으로 인해 새로운 제도, 기관, 이론, 이념 등이 등장하여 큰 변화가 일어날 것임을 예견했습니다.

7. 헤르만 지몬의 사상

다음은 피터 드러커와 더불어 독일어권에서 가장 존경받는 경영학자이며, 현대 유럽 경영학의 자존심이라고 할 수 있는 헤르만 지몬의 사상을 살펴보겠습니다. 헤르만 지몬은 독일을 수출 대국으로 이끈 강력한 초일류 중소기업의 전략과 기업문화를 자세히 연구하여 세계적인 우량기업이 되는 질적 조건을 제시했습니다.

1) 혁신과 변화경영

가장 먼저 필요한 것은 혁신입니다. 혁신에는 늘 저항이 따르며, 특히 과거의 성공 경험은 오히려 혁신의 걸림돌로 작용합니다. 따라서 혁신을 하려면 기존의 관습과 성공 방식을 과감히 버릴 수 있어야 합니다. 헤르만 지몬은 혁신의 걸림돌을 제거하고 기존의 업무 방식에서 벗어나 프로젝트팀이나 혁신추진팀을 만들 것을 제안합니다. 또한 창의적이고 혁신적인 직원을 충분히 확보하고 그들을 관리하는 방법을 배워야 한다고 말합니다.

오늘날 기업은 끊임없이 변화해야만 성공할 수 있습니다. 번창하던 회사가 시대의 변화를 놓치고 변신하지 못해 쇠퇴하는 것은 결코 우연이 아닙니다. 변화경영은 그러한 맥락에서 강조되는 개념입니다. 기업은 현재 상태에 끊임없이 의문을 제기하고 혁신적인 제품, 전략, 방식으로 시장을 공격해야만 성장을 지속할 수 있습니다.

2) 기업문화와 중도의 경영

혁신과 변화를 무사히 통과했다고 해서 최고의 기업으로 성장하는 것은 아닙니다. 헤르만 지몬은 초우량기업의 질적 조건 중에서도 특히 기업문화에 지대한 관심을 보이고 많은 연구를 했습니다. 이와 관련해 독일의 성공한 기업가 라인홀트 뷔르트의 말을 인용하고자 합니다. "최신 장비와 시설을 갖춘 환경에서 동기유발이 되지 못한 직원들이 일할 때보다, 비록 기계가 낡고 공장이 허름할지라도 직원들이 신나게 일할 때가 효과와 효율 면에서 훨씬 낫다." 이처럼 바람직한 기업문화는 조직 구성원의 행동규범으로 작용하여 결국 성과에 영향을 미칩니다.

헤르만 지몬은 결정과 선택에 따른 딜레마들을 얼마나 잘 처리하는지가 경영자로서의 능력을 가늠하는 중요한 지표가 된다고 강조합니다. 기업 현장에서는 한쪽으로 치우치는 것보다는 양쪽의 장단점을 보완하여 적절한 균형점을 찾는 것이 중요합니다. 고객 지향적이면서 동시에 기술 지향적이고, 외부의 기회와 내부의 자원에 모두 초점을 맞추고, 단기와 장기 목표를 모두 겨냥하는 중도의 경영이 필요합니다.

8. 이병철 회장의 사상

마지막으로 소개할 대가는 삼성그룹의 이병철 회장입니다. 그는 일본의 마쓰시타 고노스케나 GE의 잭 웰치에도 견줄 수 있는 한국의 자랑스러운 경영자입니다. 1969년에 그가 설립한 삼성전자공업은 삼성전자의 전신으로 지금은 초일류기업으로 성장하여 지멘스, 소니, 필립스와 같은 세계적인 기업들을 압도하고 있습니다. 찬란한 경영 유산을 후대에 물려준 호암 이병철 회장의 경영 철학을 살펴보도록 하겠습니다.

1) 의사결정 방식

우리는 경영자의 본질적인 역할이 의사결정에 있다는 점에 공감하고 있습니다. 적절한 시점에 신속하고 정확한 의사결정을 내리는 경영자는 회사 경쟁력에 큰 도움이 될 겁니다. 호암의 의사결정 방식은 다음과 같습니다. 그는 1938년에 대구에서 삼성상회를 설립하여 사업을 시작하다가 제조업에 관심을 갖게 됩니다. 어떤 제품을 생산할 것인지 결정하기 위해 철저한 사전 조사를 하고 다양한 정보를 수집한 결과 설탕을 만들어 팔기로 결정합니다. 그리하여 1953년 6월, 제일제당을 설립합니다. 이후 반도체 사업에도 관심을 갖게 되어 국내 전자산업 전문가들의 의견을 경청하는 것은 물론, 미국을 방문하여 기업 현장을 돌아본 후 마침내 현지에서 본사에 전화를 걸어 사업 계획을 수립하라고 지시하기에 이릅니다. 이러한 사례에서 보듯이 호암은 큰일을 하기 전에 우선 많은 정보를 모으고, 널리 듣고, 깊은 사유를 거친 뒤에, 일단 결정을 내리면 확신을 갖고 과감히 시행하는 경영자였습니다. 반도체 사업을 먼저 경험한 사업가들이 그에게 손을 뗄 것을 권유했지만, 그는 반도체와 소프트웨어의 미래 부가가치를 믿고 사업을 추진하여 세계 반도체 시장을 선도하는 기업을 만들어 냈습니다.

2) 인재관리

호암은 생전에 "기업은 사람이다"라고 말할 정도로 '인재제일'을 경영 이념으로 삼고 꾸준히 실천했습니다. "나는 내 일생의 80%를 인재를 모으고 교육시키는 데 시간을 보냈다. 내가 키운 인재들이 성장하면서 두각을 나타내고 좋은 업적을 쌓는 것을 보면 고맙고 반갑고 아름다워 보인다." 이처럼 호암은 인재를 활용하는 것보다 인재를 육성하는 것에 보다 큰 뜻을 품었습니다. 이러한 철학 때문인지 호암은 인재 양성을 게을리하는 기업인들을 매우 못마땅하게 여겼습니다. 또한 최고 수준의 근로조건과 복리후생으로 '인재제일'의 경영 이념을 실천하였습니다.

호암이 바라는 인재상은 학과 성적 우수자가 아니었습니다. 재기에만 치우친 젊은이보다는 성실하고 온후한 인상을 가진 건강하고 능동적인 사람을 좋아했습니다. 그들에게 엄격하고 훌륭한 교육훈련을 제공하기 위해 투자를 아끼지 않았습니다. 그는 최고경영자의 관심이 연수원에 있다는 것을 보여주기 위해 꾸준히 교육 현장을 방문했습니다. 삼성의 뛰어난 교육훈련은 지금도 삼성인의 일체감을 조성하고 조직에 대한 충성심을 함양하는 데 크게 기여하고 있습니다.

또한 호암은 공정한 인사관리를 통해 사원 각자가 자신의 역량을 최대한 발휘할 수 있도록 유도했습니다. 목표 달성을 위한 호암의 세 가지 인사 원칙은 다음과 같습니다. 첫째, 능력주의에 입각한 엄격한 평가의 원칙입니다. 둘째, 각 사원을 가장 잘 맞는 부서에 배치하는 적재적소의 원칙입니다. 셋째, 아주 사소한 공적에도 상을 주고, 과실에 대해서는 반드시 징계를 내린다는 신상필벌의 원칙입니다. 호암은 이러한 원칙이 성과를 높이고 조직의 활력을 이끌어낸다고 믿었습니다.

3) 조직관리

다음은 조직관리에 관한 호암의 원칙입니다. 첫째, 명확한 책임과 권한을 주어서 자율적으로 최선을 다해 일하는 책임경영을 강조했습니다. 경영 목표에 관해 계열사가 세운 목표를 거의 그대로 승인한 것은 책임경영의 원칙을 존중했기 때문입니다. 둘째, 기업의 장기적인 목표를 확실히 세우고 그 실천을 위해 분명한 운영 방침을 설정하는 목표관리를 강조했습니다. 다소 높지만 도전 가능한 목표를 세워놓고 구체적인 수치를 달성하라고 독려했습니다. 또한 선진 기업의 기술 수준과 경영 성과 수준을 분명히 알고 그 차이를 줄이는 목표를 수립하여 각 계열사의 국제 경쟁력을 높이는 데 크게 기여했습니다.

이 8명의 사상가들이 전하는 가르침은 오늘날 기업 경영에 훌륭한 시사점을 제공하고 있습니다. 이 정도로 만족하기보다는 유필화 교수의 명쾌하고 차분한 안내에 따라 보다 자세한 공부를 시도하는 것이 좋다고 봅니다. 그리하여 여러분 모두 구성원의 삶에 의미와 보람을 찾아줄 수 있는 경영자가 되기를 바랍니다.

03. 리더를 만드는 다섯 가지 안목

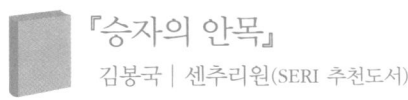

『승자의 안목』
김봉국 | 센추리원(SERI 추천도서)

평범한 삶을 사는 이와 승자의 삶을 사는 이에게는 어떤 차이가 있을까요? 그 차이를 알 수 있다면 우리도 승자의 삶을 살 수 있지 않을까요? 괜히 허황된 꿈만 꾸게 하는 것 같다고요? 이번에 소개해드릴 저자의 이야기를 들어보면 꼭 그렇지만도 않은 것 같습니다. 저자는 유명 경제 일간지에서 기자 생활을 하던 어느 날 창업을 결심하고 잘 다니던 직장에 사표를 던졌다고 합니다. 지금도 그렇지만 당시에는 특히 안정된 직장을 박차고 나간다는 게 쉬운 일이 아니었습니다. 하지만 그의 선배는 "판단이 옳다는 확신이 든다면 주변의 목소리에 흔들리지 말게. 모두를 만족시키는 선택은 없다네"라며 그를 격려했다고 합니다. 이에 용기를 얻은 저자는 결단을 내리고 언론사 창간이라는 엄청난 과업을 결행하기에 이릅니다.

그가 만든 인터넷 언론사인 《이데일리》는 많은 시행착오 끝에 '한 모두가 만족하는 해결책은 없습니다. 올바른 판단이라고 생각한다면 비난과 반대에도 할 일은 해야 합니다. 앉은 자리에 따라 운명이 달라지고 자리가 리더를 만듭니다. 자리에 걸맞은 결단력을 키우십시오.

― 본문 중에서

국의 블룸버그'라는 격찬을 받으며 본격적인 성공 궤도에 올랐습니다. 그는 역사와 고전에서 얻은 지혜를 현장에서 실행하면서 승자의 안목을 몸소 체험했다고 말합니다. 이 책은 저자가 《이데일리》를 성공시키며 얻은 경험과 깨달음을 정리한 결과물입니다. 저자는 이 책을 통해 기회를 성공으로 바꾸는 승자들의 안목을 다섯 가지 영역으로 구분하여 설명하고 있습니다.

결행(決行)

조직에서 리더가 되는 사람들을 살펴보면 한 가지 공통점을 발견하게 됩니다. 그것은 바로 그들이 잘 '저지르는 사람'이라는 점인데요, 결정하고 책임지는 것을 과업으로 삼는 리더에게 결단력은 가장 중요한 덕목일지도 모릅니다. 마찬가지로 성공을 향한 기회 역시 일을 저지르는 사람에게 찾아오기 마련입니다. 실패에 대한 두려움 때문에 선택을 미루거나 포기한다면 기회는 그냥 지나가버리고 말 겁니다. 그리고 한 번 지나간 기회는 다시 오지 않습니다.

유튜브의 창업자인 스티브 첸은 이렇게 말합니다. "위험하다고 해서 기다리기만 한다면 아무것도 해낼 수 없습니다. 6개월, 1년을 더 기다린다고 현재 자신이 갖고 있는 지식과 정보가 늘어날 것 같습니까? 천만에요!" 빨리 행동하는 것이 완벽을 추구하느라 늦는 것보다 낫다는 말입니다. 물론 일을 시작하기 전에 치밀하게 준비하는 것도 중요합니다. 그러나 완벽한 준비를 위해 기회를 놓치는 것보다는 먼저 실행에 옮겨서 부족한 부분을 채워가는 것이 성공 확률을 높이는 방법입니다. 무언가를 시작하기에 가장 완벽한 때란 없다는 점을 기억해야 합니다.

그렇다고 무작정 저지르기만 해서는 곤란합니다. 하나를 저지르기 위해서는 열을 갖추어야 합니다. 저지르는 사람에게 무엇보다 중요한 것은 일에 대한 목적과 기준을 세우는 것입니다. 명확한 목적과 기준을 바탕으로 일을 진행해야만 아랫사람으로부터 신뢰를 얻을 수 있습니다. 또 사업을 성공시키려면 현실의 상황을 객관적으로 인식하는 감각과 정확한 판단력도 갖추어야 합니다. 세상사에 대한 관심과 남다른 관찰력도 필요합니다.

단순한 정보나 지식보다는 사색을 통한 수양을 추구하는 게 좋습니다. 인문학을 가까이 하고 미래의 문명에 대해 끊임없이 상상할 수 있어야 합니다.

너무 많은 게 필요하다구요? 리더의 자리가 그만큼 무거운 자리이기 때문입니다. 그렇다고 걱정할 필요는 없습니다. 리더의 자리는 태어날 때부터 정해진 게 아닙니다. 평범한 사람도 시대를 읽는 안목을 갖추고 결행할 수 있다면 충분히 리더가 될 수 있습니다. 또한 그 자리에 걸맞은 행동으로 맡은 바 책임을 다할 때 존경받는 리더가 될 수 있습니다.

순리(順理)

맹자는 '순천자존, 역천자망(順天者存, 逆天者亡)'이라 했습니다. '천리에 순종하는 자는 번영과 생존을 누리고, 천리를 거스르는 자는 망한다'는 뜻입니다. 이는 조직의 리더에게도 역시 귀감이 되는 말입니다. 불필요한 분란을 만들지 않고 일을 부드럽게 처리하기 위해서는 대세를 파악하고 순리에 따르는 지혜가 요구됩니다.

    만물 중에 순리를 거스르지 않는 최고의 상태는 물입니다. 『논어』에서는 물에 대해 다음과 같이 표현하고 있습니다. "물은 아무리 높은 곳에서 떨어져도 깨지는 법이 없다. 물은 모든 것에 대해서 부드럽고 연한 까닭이다. 장애물이 나타나면 스스로 굽히고 적응함으로써 줄기차게 흘러, 결국은 드디어 바다에 이른다." 오늘날과 같은 변화의 시대에는 물의 유연함이 더욱 요구됩니다. 특히 급변하는 환경 속에서 조직을 꾸준하게 유지하고 관리해야 하는 리더라면 더욱 그렇습니다.

인덕(人德)

리더에게 가장 필요한 자원은 조직을 위해 헌신하는 인재입니다. 하지만 인재가 있어도 그를 알아보지 못한다면 무슨 소용일까요? 그런 리더 곁에는 사람이 모이지 않을 겁니다. 흔히들 인재가 없다고 하소연하지만 실은 인재가 없는 게 아니라 인재를 보는 안목이 없는 겁니다. '낭중지추(囊中之錐)'란 뛰어난 사람은 숨어 있어도 주머니 속의 송곳처럼 남의 눈에 드러난다는 말입니다. 하지만 리더에게 송곳을 담을 주머니조차 없다면 인재는 능력을 발휘할 기회를 얻지 못할 겁니다. 사람이 없다고 불평하기 전에 먼저 자신의 안목을 검토할 필요가 있습니다.

권력은 무상하지만 리더십은 영원하다는 말이 있습니다. 공식적인 지위를 갖는다고 해서 그런 리더십을 발휘할 수 있는 건 아닙니다. 지위는 상명하복의 원칙을 실현하는 데 도움을 줄 수는 있지만 구성원의 마음까지 가져다주지는 못합니다. 마음을 얻기 위해서는 진심이 있어야 합니다. 또한 전략과 기술이 있어야 합니다. 조직을 이끌다 보면 부하직원이나 후배를 가르쳐야 할 때가 많은데요, 이 가르침에도 역시 전략과 기술이 필요합니다. 그것에 따라 자신이 하는 말이 가르침이 될 것인지, 잔소리가 될 것인지가 결정됩니다. 특히 조직에서 리더의 말은 일방적인 지시나 명령이 되기 쉽습니다. 효과적으로 말하기 위해서는 적게 말하고 경청하는 습관을 들여야 합니다. 진정성이 느껴지는 말 한마디가 조직에 활력을 불어넣습니다.

혁신(革新)

하루가 다르게 변화하는 현대 사회에서는 기업에게도 인간의 수명과 같은 소멸의 법칙이 적용됩니다. 기업의 라이프 사이클은 점점 짧아지고 있습니다. 한때 세계를 제패했던 기업들이 어느 날 갑자기 몰락하는 것을 종종 목격하게 됩니다. 과거의 어떠한 성공도 절대 미래를 보장하지 않습니다. 기업이 생명을 유지하기 위해서는 구성원들에게서 새로운 생각과 가치를 끊임없이 이끌어내야 합니다. 그것을 '혁신'이라는 말로 표현할 수 있습니다.

그러나 혁신을 방해하는 요소는 너무나 많습니다. 앞서 언급한 과거의 성공 경험이 대표적입니다. 한 번 성공을 경험한 사람은 같은 방식으로 다시 일을 추진하려 합니다. 주어진 조건들이 이미 과거와 상당히 달라졌음에도 그것을 고려하지 않습니다. 먼 미래를 보지 않고 단기적인 성과에만 집중하는 것도 문제입니다. 기존에 영위해오던 익숙한 분야에서 목표를 달성하다 보면 변화하는 시장에 새롭게 투자하는 것을 기피하게 됩니다. 이런 현상이 장기화되면 결국 시장의 변화에 대응하지 못해 위험에 직면하게 됩니다.

사람에게는 이른바 선택적 노출의 경향이 있습니다. 이는 기존의 태도나 신념과 일치하는 커뮤니케이션 메시지에는 자신을 노출시키고, 그렇지 않은 메시지는 회피하는 경향을 말합니다. 보고 싶은 것만 보고, 듣고 싶은 것만 들으려 한다는 것입니다. 이 때문에 타인이나 사물에 대해 편견과 아집을 갖기 쉽습니다. 기업도 마찬가지입니다. 괄목할 만한 성공을 이루어낸 기업이 점차 안정권에 접어들면 환경의 변화에 둔감해집니다. 혁신을 수행할 리더와 구성원이 충분하지 않은 기업은 오래가지 못할 겁니다. 이제 변화와 혁신은 선택이 아닌 필수입니다.

공유(共有)

공유는 성공적인 혁신을 위한 전제 조건이자 승자가 갖추어야 할 마지막 안목이기도 합니다. 앞에서 말했듯이 기업이 장기 불황과 같은 위기를 돌파하기 위해서는 혁신이 필요한데요, 아무리 뛰어난 리더라도 혼자서는 혁신을 수행할 수 없습니다. 혁신의 성공을 위해서는 무엇보다 구성원들의 협력이 중요하다는 말입니다. 공유는 구성원의 마음을 얻는 유용한 무기가 될 수 있습니다.

많은 리더들이 신뢰경영이라는 말을 유행처럼 외치면서도 실제로는 구성원들을 믿지 못하고 그들을 소모품으로만 여기곤 합니다. 그런 조직에서는 혁신이 일어나기 어렵습니다. 반면에 조직의 결실을 합리적으로 공유하고 나눔으로써 구성원과 사회에 보답하는 기업은 어떤 위기라도 극복할 수 있는 저력을 갖게 됩니다.

지금까지 승자가 갖추어야 할 다섯 가지 덕목을 살펴봤는데요, 이것들은 각기 따로 존재하는 게 아니라 모두 연결되어 있다는 것을 알 수 있습니다. 즉 결실과 비전을 '공유'함으로써 구성원의 마음(인덕)을 얻어야만 '순리'에 어긋나지 않게 '혁신'을 '결행'할 수 있다는 겁니다. 결국 가장 중요한 것은 사람이라는 것을 알 수 있습니다. 사람의 마음을 얻어야만 나머지 승자의 안목도 빛을 발하게 될 겁니다. 그런 의미에서 생텍쥐페리의 『어린 왕자』에 나오는 구절을 소개하는 걸로 글을 마칠까 합니다.

"세상에서 가장 어려운 일은 사람의 마음을 얻는 일이란다. 각자의 얼굴만큼 다양한 각양각색의 마음에서 순간순간에도 수만 가지의 생각이 떠오르는데, 그 바람 같은 마음을 더무르게 한다는 건 정말 어려운 거란다."

04. 고전에서 배우는 리더의 덕목

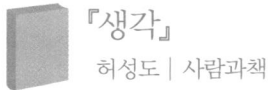

『생각』
허성도 | 사람과책

시대와 장소가 다르더라도 누구나 공감할 수 있는 보편적인 진리가 있습니다. 삶을 관통하는 진리는 고전이라는 이름으로 우리 곁에 남아 있는 경우가 많습니다. 그 대부분은 역사학자의 시각에서 집필된 것이었는데요, 이번에 소개해드릴 책은 조금 다릅니다. 중국어학자인 허성도 교수는 삶의 진수를 담고 있는 중국 고전을 활용하여 우리에게 명상의 기회를 제공합니다. 고전을 다룬 책 중에서 유독 그의 책을 고른 이유는 그가 한문으로 작성된 역사서를 통해 우리 역사의 근간을 바르게 이해하고 있는 분이라고 믿었기 때문입니다. 이 책에는 살아 숨 쉬는 중국 고전 중에서 저자가 엄선한 189편의 이야기가 요약되어 있습니다. 그중에서 재차 숙고한 끝에 고른 6편의 이야기를 소개합니다. 먼저『묵자』편에 나오는 공수자의 일화입니다.

아는 것이 많을지라도, 능력이 있을지라도 그것이 항상 쓰이는 것은 아니다. 세상일에는 때가 있다. 이것이 세상의 이치라면 항상 준비하는 마음을 잊어서는 안 된다. 준비가 없으면 때가 와도 일을 할 수 없기 때문이다. 가장 확실한 것은 묵묵히 끈질기게 자기의 길을 가는 것이다. 세상이 나를 필요로 할 때까지.

— 본문 중에서

공수자는 나무를 깎아서 물건을 만드는 재능이 뛰어났는데 하루는 대나무로 까치를 만들었습니다. 공수자가 까치를 하늘로 날리자 까치는 훨훨 날아가서 사흘이 지나도록 내려오지 않았습니다. 그러자 공수자는 자신의 재능에 스스로 만족해서 우쭐해졌습니다. 그것을 본 묵자가 공수자에게 말했습니다. "자네의 그러한 재능은 기술자가 수레바퀴를 만드는 솜씨만도 못하다네. 그들은 잠깐 동안 나무를 깎아서 무거운 짐을 운반하게 한다네. 그런데 나무로 만든 까치가 하늘을 날아간들 그것이 사람들에게 무슨 도움을 준단 말인가?"

사람마다 남들과 다른 재능이 하나는 있기 마련입니다. 리더로 불리는 이들은 다른 사람보다 더 특별한 재능을 갖추고 있는 경우가 많겠지요. 그런데 재능을 자기 이익만을 위해 사용하거나, 심지어 타인을 해치는 데 사용한다면 어떨까요? 그것은 재능이 아니라 세상을 혼란에 빠뜨리는 화근이라고 보는 게 좋을 겁니다. 요즘도 간교한 지식과 엉뚱한 논리로 눈앞의 이익을 취하려다 패망으로 치닫는 경우를 보곤 합니다. 재능이 조금 있다고 교만해서는 안 됩니다. 또 재능을 오로지 나만을 위해 쓰고 있지는 않은지 자주 돌아볼 일입니다. 나를 위해 쓰는 재능은 나만을 이롭게 하지만 남을 위해 쓰는 재능은 세상을 이롭게 합니다. 다음은 장자와 관련된 일화입니다.

너무나 가난했던 장자는 먹을 쌀조차 없게 되자 쌀을 꾸기 위해 위나라의 문후(文侯)를 찾아갔습니다. 문후는 그의 부탁을 듣고 "좋소. 올가을에 세금이 걷히면 선생께 황금 삼백 근을 꾸어 주리다"라고 말했습니다. 그러자 장자가 낯빛을 붉히며 말했습니다.

"여기로 오는 도중에 어디선가 나를 부르는 소리에 놀라서 돌아보았는데, 움푹 파인 진흙탕 위에 한 마리 붕어가 있더군요. '붕어야, 왜 나를 불렀느냐?' 내가 묻자 붕어가 대답하기를, '나는 동해의 파도의 신이오. 당신이 몇 되의 물로 나를 살려주시지 않겠소?' 그래서 제가 대답했지요. '좋다. 내가 오나라 국왕을 만나서 양자강 물을 범람시켜 너를 구해주마.' 그러자 붕어는 버럭 화를 내면서 말했습니다. '나는 지금 몇 되의 물이 없어서 목숨을 끊어질 형편이오. 몇 되의 물만 있으면 생명을 부지할 수 있거늘 어디 당신은 그런 황당한 말씀을 한단 말이오. 그렇다면 차라리 나를 건어물상에서 찾는 것이 좋을 것이오' 라고 말이지요."

베푸는 데 있어 많고 적음은 중요한 게 아니라는 점을 생각하게 하는 이야기입니다. 도움을 요청하는 사람에게, 넉넉한 내일이 오면 반드시 돕겠다고 약속할 때가 있습니다. 하지만 정작 내일이 오면 보다 넉넉해질 내일을 기다릴 것입니다. 내일을 기다리기보다는 지금 당장 주머니에 있는 것을 조금 나누는 건 어떨까요? 그것이 누군가에게는 살아갈 희망이 될 수도 있습니다. 길을 묻는 이가 있다면 귀찮더라도 친절하게 안내해주는 건 어떨까요? 무거운 짐을 들고 가는 노인에게 도움의 손길을 건네는 건 어떨까요? 별것 아닌 것 같지만 그 사람들에게는 잊지 못할 기억이 될 수도 있습니다. 그런 기억을 가진 사람이 많아진다면 우리가 사는 세상도 보다 살만한 세상이 될 것입니다. 『여씨춘추(呂氏春秋)』에는 다음과 같은 이야기가 나옵니다.

공자가 제자들과 함께 채나라로 가던 중에 양식이 떨어져서 채소만 먹으며 일주일을 버텼습니다. 그러다 보니 모두 기진맥진한 상태가 되었습니다. 공자도 기운이 없어져서 잠시 잠이 들었는데, 공자가 아끼는 제자였던 안회(顔回)가 어디선가 쌀을 조금 얻어와 밥을 짓기 시작했습니다. 밥 짓는 냄새에 잠을 깬 공자가 무슨 일인가 싶어 부엌을 들여다보았는데, 마침 안회가 솥뚜껑을 열고 밥을 한 움큼 꺼내어 입에 넣는 중이었습니다. 그걸 본 공자는 '안회는 평소 내가 밥을 다 먹은 후에야 밥을 먹었고 내가 먹지 않은 음식에는 수저도 대지 않았는데, 그런 모습이 모두 거짓이었단 말인가? 다시 가르쳐야겠구나' 하고 생각했습니다. 안회가 밥상을 차려서 공자에게 가지고 왔을 때 공자는 어떻게 안회를 가르칠까 생각하다가 기지를 발휘해 이렇게 말했습니다. "안회야, 내가 방금 꿈속에서 선친을 뵈었는데 밥이 되거든 먼저 조상에게 제사를 지내라고 하시더구나." 공자는 제사 음식이야말로 깨끗해야 하며 누구도 먼저 손대지 않아야 한다는 점을 이용해 안회를 가르치고자 했던 겁니다. 그러자 안회는 이렇게 말했습니다. "선생님, 이 밥으로는 제사를 지낼 수가 없습니다." 이에 공자가 놀라서 "왜 그러느냐?" 하고 물었더니 안회는 "이 밥은 깨끗하지 않습니다. 조금 전 뚜껑을 열었을 때 천장의 먼지가 내려앉아서, 선생님께 드리자니 더럽고 그렇다고 버리자니 아까워 제가 그 부분을 덜어내어 먹었습니다" 하고 말했습니다. 그 말을 듣고 안회를 의심한 것이 부끄러워진 공자는 제자들을 모아 놓고 말했습니다. "예전에 나는 나의 눈을 믿었다. 그러나 나의 눈도 완전히 믿을 것이 못 되는구나. 너희들도 기억해 두어라. 한 사람을 진정으로 이해하는 것은 참으로 어려운 일이라는 것을 말이다."

눈에 보이는 것만을 믿고 쉽게 단정하는 습관은 오해와 분란을 야기합니다. 사람을 판단하는 일에 있어서는 특히나 그렇습니다. 성인이었던 공자도 그러했는데 하물며 우리 범인들은 오죽할까요? 그럼에도 우리는 너무 쉽게 남을 판단하곤 합니다. 외모나 행색만으로 그의 인격까지 넘겨짚는 것을 주저하지 않습니다. 첫인상만으로 편견을 갖기도 합니다. 하지만 상대와 진정으로 소통하고자 한다면 보이는 것보다 보이지 않는 것에 더 주목해야 합니다. 특히 리더라면 자신의 눈과 머리를 맹신하지 말고 마음의 눈으로 사람을 볼 수 있어야 합니다. 그래야만 사람의 진면목을 볼 수 있으니까요.

『전국책(戰國策)』에는 기마(騎馬)라는 이름의 명마 이야기가 나옵니다. 세월이 흐르자 기마도 나이가 들어 예전 같지 않게 되었습니다. 주인도 말의 힘이 떨어진 것을 알고 더 이상 많은 기대를 하지 않았고 그저 소금 수레나 끌게 했습니다. 어느 날 기마가 소금 수레를 끌고 산을 넘는데, 말굽이 늘어지고 자꾸만 무릎이 꺾여서 힘을 쓰기 어려운데다 온몸에는 땀이 비 오듯 흘렸습니다. 험한 산중턱에 이르러 수레의 앞바퀴마저 부서지자 기마는 결국 맥없이 쓰러지고 말았습니다. 이때 말에 대한 안목이 좋은 백락(伯樂)이라는 사람이 지나가다가 그 광경을 보았습니다. 그는 한눈에 이 말이 천하의 명마였음을 알아보았습니다. 그는 명마였던 기마가 쓰러진 모습이 안타까워 기마를 어루만지며 눈물을 흘렸습니다. 그리고 입고 있던 비단옷을 벗어 덮어주었습니다. 기마는 땅에 엎드린 채 숨을 몰아쉬다가 마침내 고개를 들더니 크게 울었습니다. 그 소리는 마치 바위나 쇠를 두드리는 것처럼 우렁찬 것이었습니다. 그리고 기마는 다시 천 리를 달렸습니다.

우리는 유독 칭찬에 인색한 경향이 있습니다. 또한 남의 능력을 인정하는 것도 잘 못합니다. 멋진 동료나 부하가 있다면 이제부터라도 진심 어린 칭찬을 해보기 바랍니다. 그들이 어려운 상황에 처해 있을 때는 따뜻한 위로의 말로 용기를 북돋아주기 바랍니다. 그러면 그들은 당신을 위해 마지막 힘을 쥐어짜내 천 리를 달려줄 것입니다. 특히 관리자라면 부하의 능력을 간파하는 통찰력을 갖추어야 합니다. 그래야만 인재를 적재적소에 배치할 수 있습니다. 자신의 능력을 발휘할 수 없는 곳에 배치된 인재는 결국 조직을 떠나고 말 겁니다. 다음은 『속맹자(續孟子)』에 나오는 이야기입니다.

춘추시대 노(魯)나라 사람이 자식에게 땔감 구하는 법을 가르치기 위해 이렇게 물었습니다. "백 리 떨어진 남산에도 땔감이 있고 백 보 떨어진 수목원에도 땔감이 있다. 너는 땔감을 구하러 산으로 가겠느냐 아니면 수목원으로 가겠느냐?" 자식은 당연하다는 듯이 말했습니다. "수목원이 가까우니 그곳에서 땔감을 구할까 합니다." 그러자 부모는 이렇게 말합니다. "가까운 곳의 땔감은 언제나 우리 집의 땔감이지만 먼 곳의 땔감은 천하의 땔감이다. 우리 집 땔감은 다른 사람이 감히 가져가지 못할 것이니 천하의 땔감이 다 없어진 후에도 남아 있을 것이다. 그런데 너는 어찌하여 천하의 땔감부터 모으려 하지 않느냐? 우리 집의 땔감이 다 없어지면 천하의 땔감이 남아 있겠느냐?"

노나라의 부모는 자기 자식에게 지금 힘들더라도 눈앞의 이익을 좇기보다는 먼 미래에 대비하라는 교훈을 주려 한 것 같습니다. 물론 현실에서 이런 판단을 내리기란 쉽지 않습니다. 미래가 어떻게 펼쳐질지는 누구도 알 수 없기 때문입니다. 하지만 조직을 이끄는 리더는 어렵더라도 장기적인 관점에서 계획을 세우고 실행에 옮기려는 노력을 꾸준히 해야 합니다. 리더의 선택은 그것이 무엇이든 모든 구성원의 삶에 영향을 미치고 조직의 성패를 결정하게 될 테니까요. 마지막으로 제(齊)나라 재상인 관중(管仲)의 일화입니다.

관중이 병에 걸렸을 때 환공(桓公)이 문병을 가서 물었습니다. "그대의 병이 심각하네. 만일 그대에게 불행한 일이 생기면 누구에게 정사를 맡기면 좋겠는가?" 그러자 관중이 반문했습니다. "왕께서는 누구에게 맡기실 생각이십니까?" "포숙아(鮑叔牙)를 생각하고 있네." 포숙아는 관중과 가장 가까운 친구였습니다. 그런데 관중은 이렇게 말했습니다. "안 됩니다. 그는 청렴하고 착한 인물이지만 자기보다 못한 사람과는 어울리려 들지 않고 남의 과실을 들으면 잊지 않는 버릇이 있습니다. 그런 사람이 나라를 다스리면 위로는 자기를 고집하여 군주에게 대들고 아래로는 남을 탓하여 백성의 반감을 살 것입니다." 그러자 왕이 다시 물었습니다. "그렇다면 누가 좋은가?" "습붕(隰朋)이 좋을 것입니다. 그는 진리를 추구하여 배울 것이 있을 때는 자기보다 낮은 자에게도 겸허히 배울 줄 알며, 자기 덕이 성인만 못한 것을 부끄러워하고, 자기보다 못한 사람을 가엾게 여겨 인정을 베풉니다. 자고로 현명함을 자랑하여 백성의 신망을 얻은 예가 없습니다. 반대로 자기의 현명함을 감추고 겸손한 태도를 취하여 백성의 신망을 얻지 못한 예가 없습니다. 습붕이 그런 사람입니다."

이 일화는 겸손의 중요성을 강조하고 있습니다. 겸손은 특히 높은 자리에 있는 사람에게 필요한 덕목입니다. 높은 자리에 있는 사람은 자만에 빠지기 쉽습니다. 스스로가 현명하다고 여기는 사람일수록 더 그렇습니다. 그런 사람은 오래지 않아 그 자리에서 내려오게 됩니다. 반면 자신을 낮추고 배움을 구하는 사람은 시간이 지날수록 그 자리에 어울리는 사람이 됩니다.

우리는 남이 나에게 겸손할 것을 원하면서도 정작 남에게 겸손해야 한다는 사실을 자주 잊곤 합니다. 선배라는 이유로, 나이가 많다는 이유로, 상사라는 이유로 아랫사람을 하대하고 무시하지는 않았는지 생각해볼 일입니다.

05. 생각이 모든 것을 이룬다

『카르마 경영』
이나모리 가즈오 | 서돌(SERI 추천도서)

모두가 경제적 성공만을 추구하는 작금의 현실에 일침을 가하는 경영자가 있습니다. 이나모리 가즈오 교세라 명예 회장은 일본에서 가장 존경받는 경영자로 윤리 경영과 정도의 경영으로 유명한 분인데요, 27세의 나이에 교세라를 창업한 그는 평생 동안 '남을 이롭게 하는 경영'을 실천하기 위해 노력했다고 합니다. 치열한 비즈니스의 세계에서 윤리나 도덕은 허울 좋은 구호에 불과하다고 보는 이들도 많을 겁니다. 하지만 자본주의가 고도화될수록 인간 본연의 가치를 회복하기 위한 노력이 필요하다고 봅니다. 그런 점에서 이나모리 회장이 필사적으로 지켜왔던 윤리 경영과 교토식 경영 방식을 살펴보고자 합니다.

　이나모리 회장은 평소 석가모니의 수행법인 '정진(精進)'을 중시했다고 합니다. '정진'이란 몸을 깨끗이 하고 마음을 가다듬는 행위를 경영도 인간을 상대로 하는 것이므로 경영에서 해야 할 것과 해서는 안 되는 것 역시 인간으로서 옳고 그른 것, 해도 되는 것과 하면 안 되는 것 등 인간을 인간답게 만드는 도덕과 윤리를 그대로 경영의 지침이자 판단기준으로 삼았다. 나의 성공에 이유를 댄다면 단지 그 이유뿐이다.

— 본문 중에서

말하는데요, 그에게 일은 단지 생계유지를 위한 수단이 아니라 욕망을 절제하고 영혼을 갈고닦는 수행의 행위였던 겁니다. 그는 직원들에게 한 번뿐인 인생을 의미 있게 살아가기 위해서는 자신의 일에 정진하며 쉼 없이 나아가야 한다고 당부하곤 했습니다. 그런 사람에게는 일터 역시 수행을 위한 장소가 된다고 보았습니다.

그는 또한 '성과 = 사고방식 × 열정 × 재능'이라는 공식으로 자신의 성공을 요약합니다. 여기서 주목할 점은 인생과 일의 결과가 세 항목을 합친 게 아니라 곱한 것이라는 점입니다. 사고방식은 세 요소 중 가장 중요한 것으로 인생관이나 삶에 대한 철학과도 통하는 말입니다. 열정은 일에 대한 열렬한 마음을 뜻하며, 재능은 일을 하는 데 필요한 재주와 능력을 가리킵니다. 그는 올바른 사고방식을 갖고 자신의 일과 인생에 열정을 지닌 사람이라면 재능이 부족하더라도 좋은 결과를 낼 수 있다고 말합니다. 그러나 열정과 재능이 아무리 뛰어나더라도 사고방식이 불순하다면 부정적인 결과를 초래할 수 있다고 경고합니다.

지금으로부터 40여 년 전, 이나모리 회장은 마쓰시타 고노스케 회장의 강연을 듣고 중요한 깨달음을 얻었다고 합니다. 당시 마쓰시타 회장은 강연에서, 댐을 만들어서 물을 저장하면 날씨나 환경에 좌우되지 않고 수량을 일정하게 조절할 수 있듯이 경영에도 호경기일수록 불경기를 대비하는 댐식 경영이 필요하다고 말했습니다. 그러자 한 남자가 질의응답시간에 불만을 토로했습니다. "댐식 경영을 할 수 있다면 당연히 좋겠지만 현실에서는 불가능합니다. 어떻게 하면 그럴 수 있는지 방법을 알려주셔야 하지 않겠습니까?" 그러자 마쓰시타 회장은 잠시 침묵하더니 천천히 입을 열었습니다. "그런 방법은 저도 모릅니다. 하지만 우선 댐을 만들겠다는 생각이 있어야겠죠." 그의 대답에 강연장은 실소로 가득 찼습니다. 하지만 이나모리 회장은 온몸에 전류가 흐르는 듯한 충격을 받았고, 생각한대로 이루어진다는 중요한 진리를 배웠습니다.

불교에는 '사념(思念)이 업(業)을 만든다'는 말이 있습니다. 여기서 업이란 '카르마'라고도 하며 현상을 만들어내는 원동력을 뜻합니다. 즉 생각한 것이 원인이 되어 그 결과가 현실로 나타난다는 의미입니다. 이러한 카르마적 인식은 이나모리 회장이 경영 철학을 세우는 데 중요한 기초가 되었습니다. "인생은 마음에 그린 대로 이뤄진다. 강렬하게 생각하는 바로 그것이 현실로 나타난다." 그는 인과응보라는 우주의 법칙을 무엇보다 소중히 여기라고 당부합니다. 좋은 생각을 가진 사람에게는 좋은 인생이 펼쳐지고, 나쁜 생각을 가진 사람에게는 나쁜 인생이 펼쳐진다는 겁니다. 그의 카르마 경영은 세상과 남을 위하는 마음인 이타심으로까지 연결됩니다. 그리하여 경영자가 눈앞의 작은 이익을 좇는 것보다는 공익을 우선시하는 게 전체 세계의 행복을 위해 중요하다고 강조합니다. 또한 기업의 흥망성쇠는 경영자의 됨됨이에 달렸다고 합니다.

이나모리 회장은 독특하고 엄격한 경영 방식으로도 유명합니다. '잃어버린 10년'이라고 일컬어지는 오랜 불황에도 불구하고 교토 지방의 기업들은 나름의 경영 방식을 유지함으로써 고수익과 고성장을 유지했습니다. 이나모리 회장의 교세라는 교토식 경영 방식을 유지한 대표적인 기업입니다. 교토식 경영은 카르마 경영과 장인 정신이 합쳐진 결과물이라고 할 수 있는데요, 교세라가 직원 100명 정도의 소규모 공장에 불과했을 때도 이나모리 회장은 "이 회사를 반드시 세계 제일의 회사로 만들겠노라"라며 호언장담했다고 합니다. 그러한 포부는 당시로써는 꿈같은 이야기였지만, 반드시 이루고 말겠다는 그의 결심은 결국 현실이 되었습니다.

교토식 경영에는 세 가지 중요한 특징이 있다고 합니다. 첫째, 교토의 기업들은 남의 기술과 제품을 흉내 내지 않고 자신만의 제품을 개발했습니다. 이는 기술력에 대한 강한 믿음과 장인 정신을 근간으로 합니다. 둘째, 올바른 일을 행해야 한다는 원칙에 입각하여 윤리 경영을 실천했습니다. 셋째, 자신들만의 이익을 추구하지 않고 사회와 공익을 중시하는 경영을 실천했습니다. 이러한 원칙을 고수한 결과, 마침내 교세라는 90년대의 버블 붕괴와 장기 불황까지 견뎌내고 세계적인 대기업으로 성장하기에 이릅니다.

이나모리 회장은 사소한 사건에도 의도적으로 집중하는 이른바

'유의주의'를 실천했습니다. 경영자가 올바른 판단을 내리기 위해서는 사소한 일에도 주의를 기울이는 습관이 필요합니다. 그러면 갑작스런 위기 상황에서도 놀라운 집중력을 발휘하여 좋은 판단을 내릴 수 있다는 겁니다. 그는 문제 해결의 실마리가 현장에 있다고 보고, 항상 모든 현장을 세밀하게 관찰하려고 노력했습니다. 또한 경영자는 이익을 내고 싶다는 욕심에 사로잡히지 않아야 한 차원 더 높은 단계에 도달할 수 있다고 믿었습니다. 경영이든 인생이든 그가 내세우는 원칙은 지극히 단순명료합니다. "무엇이 인간으로서 바른가?" 그가 일본 내 최대 통신 회사인 NTT에 대항하기 위해 KDDI를 설립했을 때도 그의 원칙이 중요한 역할을 했습니다. KDDI는 장거리 통신 요금을 인하함으로써 공익을 실현하고 NTT의 독점을 견제했습니다.

이나모리 회장은 높은 자리에 있는 사람일수록 교만과 과욕을 경계해야 한다고 지적합니다. 『효경』의 「제후편(諸侯篇)」에는 '만이불일(滿而不溢)'이라는 말이 나오는데, 이는 '가득 차면서도 넘치지 아니한다'는 공자의 가르침을 표현한 말입니다. 실제로 우리는 도를 넘는 욕심으로 비참하게 몰락하는 사람들을 목격하곤 합니다. 윗자리에 있으면서도 교만하지 않고 겸양의 자세로 자신을 낮추는 사람은 어떤 순간에도 위태롭지 않습니다. 이나모리 회장도 평생 만이불일의 덕목을 실천한 덕에 오랫동안 탈 없이 기업을 이끌고 명예회장이 될 수 있었다고 봅니다.

2013년 9월 28일자 《조선일보》에는 파산 이후 처음으로 신입사원을 채용한 일본항공(JAL)의 역사적인 순간이 담겨 있습니다. 파산 직전 일본항공의 빚은 무려 30조 원에 달했습니다. 당시 79세의 이

이나모리 회장은 하토야마 총리의 삼고초려에 의해 일본항공을 회생시키는 것을 숙명으로 받아들이고 회장직을 맡았습니다. 이후 대대적인 구조조정을 단행하면서도 전 직원에게 새로운 목표를 부여함으로써 단결을 이끌어낸 결과 3년 만에 회사를 정상화시킨 것입니다. 기사에 의하면 이나모리 회장이 일본항공에 취임하고 3년 동안 회사에 나가지 않은 날은 단 5일뿐이라고 합니다. 생각이 모든 것을 이룬다는 그의 카르마 경영과 장인 정신, 그리고 이타심을 바탕으로 하는 윤리 경영은 현대 경영의 좋은 교본이 되고 있습니다.

제 2 장

삶과 사람에 대한 진정한 이해

『닿는 순간 행복이 된다』
이달희 | 여담

『심플하게 산다』
도미니크 로로 | 바다출판사

『살아온 기적 살아갈 기적』
장영희 | 샘터사(SERI 추천도서)

『가끔은 제정신』
허태균 | 쌤앤파커스(SERI 추천도서)

『처음처럼』
신영복 | 랜덤하우스코리아

06. 밥보다 더 귀한 접촉

『닿는 순간 행복이 된다』
이달희 | 예담

언젠가부터 우리 사회에는 '힐링'이라는 말이 유행처럼 번지고 있습니다. 아마도 힐링을 테마로 하는 텔레비전 프로그램이 인기를 끌면서부터라고 생각되는데요, 이번에 소개할 책도 마음과 마음을 연결하는 치유 행동을 다룬다는 점에서 그 맥락을 같이 하고 있습니다. 심리치료사인 저자는 자신의 마음을 위로하고 상대의 마음을 얻을 수 있는 방법으로 '접촉'이라는 생경한 수단을 시도합니다.

인류학자 애슐리 몬태규는 "인간은 접촉 없이 살아갈 수 없다"고 말했습니다. 과연 정말로 그럴까요? 특히 유아에게 있어 어머니와의 접촉은 생명과도 직결되는 문제라고 합니다. 헝가리의 정신분석가인 르네 스피츠가 아동 보호 시설에 있는 아이들을 관찰한 결과, 충분한 음식을 제공하고 청결한 위생 상태를 유지했음에도 3분의 1 정도의 아이들이 생후 첫해를 못 넘긴 채 죽어갔으며, 살아남은 아이들도 신

접촉이라고 하는 것은 사랑의 또 다른 표현, 말이 필요 없는 또 다른 말이다. 등을 토닥거려주는 친구의 손, 내 어깨 위에 걸친 친구의 손, 나의 눈물을 닦아주는 친구의 손, 이러한 접촉의 순간은 정말 거룩하다고까지 할 수 있다. 접촉은 회복과 화해, 안식과 용서 그리고 치유의 몸짓들이다. ─ 본문 중에서

체적, 정신적으로 발달이 부진했다고 합니다. 당시에는 그 이유를 알 수 없었는데, 나중에 밝혀진 바로는 아이들을 돌보았던 보모의 수가 부족했다고 합니다. 즉 어머니의 사랑과 같은 정서적 욕구가 채워지지 못한 게 사망의 원인이 되었던 것입니다. 이처럼 인간에게는 기본적으로 '접촉 욕구'가 내재되어 있습니다. 심리 에세이로 유명한 김형경 작가도 "고통을 견디려면 하루 세 번 포옹하고, 아픔을 치유하려면 하루 다섯 번, 마음이 성숙해지려면 하루 여덟 번 포옹하라"고 쓰고 있습니다. 손을 잡거나 서로를 껴안는 신체적 접촉이 마음을 치유하는 효과가 있다고 보았기 때문입니다.

인간의 피부는 '제2의 뇌'라고 불립니다. 피부와 피부가 맞닿는 스킨십은 두뇌 발달에도 효과적입니다. 피부와 뇌는 섬세한 회로로 연결되어 있어서 서로 정보를 주고받기 때문에 아기를 안아주는 행위

만으로도 아기의 뇌를 발달시키는 요인이 된다고 합니다. 또한 신체 접촉이 있을 때 우리 몸에서는 세로토닌이나 도파민과 같은 화학 물질이 분비되는데요, 이것은 면역력을 높이고 건강을 유지하는 데 많은 도움을 줍니다. 특히 옥시토신이라는 호르몬은 사랑의 묘약이라고 불릴 정도로 우리 몸에서 중요한 역할을 담당합니다.

스웨덴의 하칸 올라우손 교수에 의하면, 인간의 피부에는 어루만지는 것과 같은 부드러운 자극에 기분 좋게 반응하는 신경망이 존재한다고 합니다. 일반적으로 신체 접촉이 일어나면 고속신경조직망에 의해 초속 60m의 속도로 뇌에 전달이 됩니다. 외부의 압력이나 자극에 재빠르게 대처해야만 적절히 반응할 수 있기 때문입니다. 또한 피부에는 초당 1m밖에 이동하지 못하는 느린 신경망도 존재하는데 이를 'CT신경계'라고 합니다. 올라우손 교수는 신경계가 파괴되어 촉각을 전혀 느끼지 못하는 환자도 부드러운 자극을 받으면 기분이 좋아지고 CT신경계가 무의식적인 느낌을 뇌에 전달한다고 말합니다. 산모가 아기에게 강한 정서적 유대감을 느낄 때, 여성이 남성에게 모성 본능을 느낄 때, 그밖에 사람과 사람 사이의 관계에서 친밀감이 높아질 때 옥시토신이 왕성하게 분비됩니다. 기분 좋은 포옹이나 부드러운 신체 접촉은 CT신경계를 자극해서 옥시토신을 분비시킵니다. 옥시토신은 신뢰와 유대감을 높이는 데에도 관여하고, 우울증이나 자폐증을 치료하는 데도 효과적이며, 자신감과 적극성을 키워주는 데에도 도움을 줍니다. 특히 어린 시절에 정서적 만족감을 주는 접촉의 기억이 많은 사람은 이타주의 성향, 적극적인 자세, 창의성 등의 특징을 보인다고 합니다.

접촉의 힘을 보여주는 마법 같은 이야기를 하나 소개할까 합니다.

어딜 가든 손을 꼭 붙잡고 다니는 노부부가 있었습니다. 보기만 해도 참 좋았습니다. 그래서 어느 날 물어보았습니다. "서로 참 사랑하시나 봐요. 두 분이 손을 항상 꼭 쥐고 다니시네요." 그러자 남편이 입을 열었습니다.

"우리는 손만 붙잡고 다니는 것이 아니에요. 우리는 서로 '꼭꼭꼭, 꼭꼭'을 한답니다." 의아한 표정을 짓자 말씀을 계속하셨습니다. "서로 손을 잡고 다니다가 제가 엄지손가락으로 아내의 손을 '꼭꼭꼭' 하고 세 번 누르곤 합니다. 그러면 아내도 엄지손가락으로 '꼭꼭' 하고 두 번 눌러 줍니다. 아내가 먼저 '꼭꼭꼭' 할 때도 있어요. 그러면 저도 즉시 '꼭꼭' 하고 반응하죠. 우리 둘 사이에서 '꼭꼭꼭'은 '사랑해'라는 표시이고, '꼭꼭'은 '나도'라는 표시입니다. 우리는 서로 손만 잡고 다니는 게 아니라 자주 '꼭꼭꼭, 꼭꼭'을 한답니다."

남편은 그렇게 말한 뒤 다음과 같이 덧붙였습니다. "사실 우리 부부가 '꼭꼭꼭, 꼭꼭'을 시작한 게 아니에요. 따라 하는 거랍니다. 이웃에 우리보다 더 나이가 많은 노부부가 살고 있습니다. 두 분은 마치 젊은 연인처럼 손을 꼭 잡고 다녔답니다. 한데 부인이 갑자기 뇌졸중으로 쓰러지더니 의식을 잃고 말았습니다. 중환자실에 누워 있는 부인은 산송장일 뿐이었죠. 호흡만 붙어 있을 뿐 죽을 날만 기다리고 있는 상황이었습니다. 그러던 어느 날 남편은 그동안 경황이 없어서 아내에게 하지 못한 일이 생각났습니다. 즉시 아내 손을 붙잡고 전에 하던 대로 엄지손가락을 펴서 '꼭꼭꼭(사랑해)' 하고 세 번 눌러 주었습니다. 그런데 바로 그 순간이었습니다. 아내의 엄지손가락이 서서히 움직이더니 힘겹게나마 '꼭꼭(나도)' 하고 남편의 손등을 누르며 반응했던 겁니다. 그때부터 남편은 아내 곁에서 손을 붙잡고 계속해서 '꼭꼭꼭'으로 대화를 했습니다. 아내의 손에 점점 힘이 들어가는 것이 느껴졌습니다. 참 기뻤습니다. 얼마 뒤 놀랍게도 아내의 의식이 돌아왔습니다. 기적이 일어났습니다. '꼭꼭꼭, 꼭꼭'이 아내를 살려낸 것입니다. 꺼져가던 생명의 심지에 '꼭꼭꼭, 꼭꼭'이 불꽃을 일으켰습니다. 사랑이 죽어가던 생명을 구해낸 것입니다. 이 감동적인 이야기를 듣고 우리 부부도 손을 붙잡고 다니면서 '꼭꼭꼭, 꼭꼭'을 실천하기 시작했습니다. 정말 행복합니다."

접촉으로 기적을 만든 노부부의 이야기를 접하며, 우리는 서로 얼마나 접촉하고 있는지 돌아보게 됩니다. 현대인들은 점점 혼자 있는 시간이 많아지는 것 같습니다. 가족과 제대로 된 대화를 나눈 지도 오래입니다. 친구들을 만나도 스마트폰만 만지작거리고 있습니다. 접촉 부재의 시대, 접촉 결핍의 시대를 살고 있습니다. 개인과 개인 간의 정서적 연결이 무너지면서 가족이 해체되고 자살률이 증가합니다. 입시 경쟁에 내몰린 아이들은 아이들대로 접촉의 시간이 턱없이 부족합니다. 과연 이대로 괜찮은 걸까요?

몸을 통해 마음에 다가가면 긴장으로 막혔던 것이 이완되면서 몸의 순환이 원활해집니다. 몸이 평정을 되찾으면 정신적 외상의 실마리를 찾을 수 있게 됩니다. 이렇듯 접촉은 몸을 통해 마음을, 마음을 통해 몸을 바라보는 소통의 방법입니다. 부드러운 접촉의 기억은 우리 일생에 여운으로 남아 긍정의 정서를 만듭니다. 프랑스의 시인 폴 발레리는 이렇게 말했습니다. "가장 깊은 것은 피부다." 이는 피부의 감각이 인간 존재의 깊은 곳에 닿아 정신과 연결된다는 의미입니다. 접촉은 상대방에게 말보다도 강력한 메시지를 전하고 친밀한 관계를 형성하게 합니다. 이제부터라도 사랑하는 아내, 남편, 자녀, 부모님에게 따뜻한 마음을 담은 손길을 건네 보세요. '꼭꼭꼭, 꼭꼭'을 실천해보세요. 그러면 우리도 행복이라는 기적을 지금 여기서 만들 수 있지 않을까요?

07. 단순한 삶, 그 풍요를 위하여

『심플하게 산다』
도미니크 로로 | 바다출판사

소유의 무게

자연은 계절의 순환을 통해 해마다 새 생명을 탄생시키고 또 소멸시킵니다. 봄이 되어 땅에서 돋은 새싹은 여름과 가을 사이에 가지와 여린 잎으로 자라나 꽃과 열매를 맺고, 겨울이 되면 다시 땅으로 돌아갑니다. 이처럼 자연은 탄생과 소멸이라는 순환을 통해 스스로를 정화합니다. 그것을 '채움'과 '비움'의 순환이라고 해도 좋을 것입니다. 자연이 늘 새로울 수 있는 것은 이렇게 스스로를 채우고 다시 비우는 원칙을 수용하기 때문입니다. 욕심을 버리고 그 법칙에 순응하는 것입니다. 아름답던 꽃잎이 떠나야 할 때를 알고 이윽고 땅에 떨어지는 것도 바로 그 때문입니다. 이처럼 우리도 자연의 법칙을 따라 매일 새롭게 태어날 수 있다면 얼마나 좋을까요?

언젠가 어느 조사에서 현대인이 소유하고 있는 물건의 수를 살펴

심플한 삶, 바로 이것이 많은 문제를 해결해 준다. 너무 많이 소유하려는 것을 멈추자. 심플한 삶이란 적게 소유하는 대신 사물의 본질과 핵심으로 통하는 것을 말한다. 심플한 삶은 아름답다. 그 안에는 실로 수많은 경이로움이 숨어 있다.

— 본문 중에서

본 적이 있습니다. 조사에 따르면, 몽골인의 경우는 평균 300개인 반면 일본인은 무려 6,000개나 된다고 합니다. 이처럼 자본주의 사회에서의 우리는 경제적 가치와 물질의 지배를 받고 있습니다. 그 지배가 점점 강해져 우리는 불안에 떨거나 허무에 빠져 방황하곤 합니다. 그렇게 물질적 결핍에 노출되다 보면 나중에는 욕구불만으로 인한 우울증이나 폭력, 잔인한 범죄, 심지어 자살 같은 극단적 행동을 보이기도 하는 것입니다.

필자가 우리의 삶을 복잡하게 하고 정신적 가치를 파괴시키는 지나친 소유욕에 대해 돌아봐야 한다고 생각한 것은 그래서입니다. 끊임없는 속도경쟁에 빠져버린 우리를 되돌아보고, 그런 삶 속에서 우리가 놓친 것이 무엇인지 찾아나서야 한다고 생각한 것입니다. 도미니크 로로의 『심플하게 산다』를 선택한 것도 그런 이유에서입니다.

이 책은 적게 소유하면서도 인생을 더욱 충만하게 살 수 있는 기술을 소개하고 있습니다. 물질의 홍수에 떠밀려 정작 중요한 것을 잃어버리고 사는 우리에게 버리면서도 더 풍요로울 수 있는 단순하고 실용적인 삶의 지혜를 들려줍니다.

심플한 삶

저자가 말하는 '심플한 삶'이란 적게 소유하면서 사물의 존재를 파악하고 그 핵심에 다가가는 삶을 뜻합니다. 다르게는 내 주변의 복잡함을 간소화한다는 말이기도 합니다. 그런데 그러기 위해서는 꼭 필요한 물건만 지니면서 필요 없는 물건은 버리려는 노력이 따라야 합니다. 그래야만 삶을 가볍고 자유롭게 살아갈 수 있기 때문입니다. 물론 쓸모없는 물건을 정리하는 데는 큰 용기와 결단이 필요합니다. 하지만 추억이나 기억을 간직하려는 이유로 물건을 정리하지 못하고 쌓아두는 것은 오히려 집착을 낳을 수도 있습니다. 그 집착이 앞으로 나아갈 길을 방해하고 과정에 헛발질을 초래할 수 있는 것입니다.

또한 심플하게 산다는 것은 타인의 욕망에 매달리지 않고 자신이 진정으로 원하는 것을 찾으며 사는 것을 말합니다. 그러기 위해서는 가장 먼저 나를 알아야 합니다. '나를 알기'야말로 삶을 낭비하지 않기 위한 필수품이라 할 수 있습니다. 그래야만 자신에게 불필요한 물건들을 모으느라 시간을 허비하지 않게 되는 것입니다.

하지만 현대인의 일상을 들여다보면 내가 좋아하는 것이 무엇인지, 내가 진짜로 원하는 것이 무엇인지 잘 모른 채 그저 분주하게 보내는 시간이 대부분입니다. 내가 원하는 바를 잘 모를 때 우리는 쓸데없는 것을 추구하느라 에너지를 소모하고 시간을 낭비하게 됩니다. 자신이 무엇을 원하는지 명확히 알기 위해서는 무엇보다 본래의 나를 잘 알아야 합니다. 본래의 나를 찾는다는 것은 내 인생의 의미와 내 소망이 무엇인지 아는 것을 뜻합니다. 자신이 진정으로 원하는 것을 잃어버린 채 사회적 탐욕에 휩쓸려 살다 보면 어느 순간 삶의 중심이 흔들리게 되고 시련이 닥쳤을 때 쓰러지고 마는 것입니다.

흔히 인생을 긴 여행과 같다고 말합니다. 그런데 그 여행 가방을 들여다보면 어느덧 필요 없는 물건으로 가득 차있는 것을 발견하게 됩니다. 인생은 그런 물건으로 채우는 게 아닌데도 말입니다. 이는 물질적 소유 정도와 우리 자신의 위상을 동일시하는 데서 비롯한 것입니다. 우리는 보통 어떤 물건이 필요해서라기보다는 남들이 가졌다는 이유로 그것을 사들이곤 합니다. 더욱이 물건을 사들인 후에는 그것을 지키려고 온갖 집착과 고민을 떠안고 삽니다. 이렇게 소유물에 얽매인 우리의 어리석은 행동에 대해 저자는 "필요해서 쓰는 것이 아니라 가지고 있기 때문에 쓰는 것"이라고 지적합니다.

안타깝게도 우리가 그렇게도 손에 넣으려 하는 사회적 지위와 물질적 부는 언제까지나 지속되는 것이 아닙니다. 인생이란 명성과 재산을 쌓는 것보다 몸의 탄력과 마음의 감각을 늘 생기 있게 유지하고 감정을 풍부하게 하여 정신에 성숙한 신념이 깃들게 하는 것이라 할 수 있습니다. 내 본래의 삶을 살기 위해서는 나를 둘러싸고 있는 껍데기에 연연해 하지 않고 인생의 진정한 가치가 무엇인지 고민하며 자신의 삶을 있는 그대로 바라보아야 하는 것입니다. 그런데 우리는 어떻게 살고 있는 것일까요? 심플한 삶이 절실히 요구되는 시점입니다.

국민총행복

현재의 우리는 과거에 비해 물질적으로 풍족한 시대에 살고 있습니다. 그런데도 우리는 더 많은 부를 좇고 더 많은 물건을 소유하기 위해 발버둥칩니다. 그리고 그렇게 소유한 물건으로 삶의 공간을 채우기에 바쁩니다. 이는 결국 우리의 공간을 가득 채우느라 역설적으로 우리의 공간을 잃어버리고 있다는 뜻입니다. 필요한 것보다 더 많이 소유하게 되어 피곤해하고 그 소유물의 무게에 짓눌리면서 말입니다.

그런 의미에서 국민총행복지수가 1위인 '부탄'이라는 나라가 우리에게 주는 의미는 큽니다. 부탄은 독특한 성장 정책을 강조하는 나라입니다. 산업화나 선진국을 지향하지 않고 국민들의 물질적 풍요보다 정신적 풍요를 중시하는 이 작은 나라는 땅이 있고 먹을거리가 충분하다는 이유로 근대화를 서두르지 않습니다. 공동체의식과 지속가능한 좋은 환경을 보존하면서 '조금만 더'가 아닌 '이것으로 충분하다'는 의미를 국민 모두가 깨닫고 있는 것입니다.

이는 무리한 근대화에 따른 극심한 빈부격차와 소수의 행복보다는 다수의 안정과 행복을 추구하는 이상적인 국가 모델이라 할 수 있습니다. GNP나 GDP보다 GNH(국민총행복)가 국정의 운영 철학인 부탄이야말로 "행복은 자족 속에 있다"는 아리스토텔레스의 철학적 가치를 가장 잘 실천하고 있는 나라가 아닐까요? 이제 우리도 만족을 모르는 소비사회의 소용돌이에서 빠져나와야 합니다. 자신이 소유하고 있는 내용물에 집착하지 않고 자신의 삶 자체가 그 내용물임을 인식해야 하는 것입니다. 그래야만 진정 자유로운 존재로 세상을 살아갈 수 있는 것입니다.

단순함과 절제

심플한 삶은 매우 실용적인 철학입니다. 최소한의 물질과 최소한의 행동을 삶을 위한 규칙으로 삼으면 우리는 정신적 활동에 집중할 수 있으며 결국 물질과 정신의 조화와 균형을 이룰 수 있는 것입니다. 물건을 적게 소유하면 마음을 정화하는 데 집중할 수 있으며 소박함과 아름다움을 추구하는 삶의 가치를 알게 되는 것입니다. 단순함과 절제만이 삶을 가장 매력 있게 만든다는 말이 있습니다. 다시 말해, 우리는 실용적이고 매력적인 삶을 살기 위해 시간과 인간관계에서 단순함과 절제를 지킬 수 있어야 합니다.

우리는 과거를 후회하거나 미래를 걱정하는 데 많은 시간을 허비합니다. 머릿속이 쓸데없는 생각으로 복잡하지 않을 때가 인생에서 가장 좋은 시절이라고 무위(無爲) 철학을 따르는 사람들은 말합니다. 그만큼 우리는 나이가 들수록 생각이 많아져 무언가에 집중하는 데 어려움을 겪곤 합니다. 또한 자신이 하고 있는 일보다 해야 할 일에 대해 더 많이 사로잡혀 지내곤 합니다. 하지만 우리는 현재의 순간에 집중해야 심플한 삶을 살 수 있음을 기억해야 합니다. 현재의 순간에 집중하면 잡념이 사라져 정신이 맑아지고 창의력, 결단력, 통찰력을 키울 수 있기 때문입니다. 지금 여기에서 하는 일에 충실하면 그 순간 삶의 질은 높아지는 것입니다.

우리는 촘촘한 인간관계의 그물망에 얽혀 복잡하고 바쁘게 살아갑니다. 철학자 강신주는 인간관계를 다음과 같이 나누고 있습니다. 만나면 기쁘고 헤어지면 슬픈 관계인 '사랑', 만나면 슬프고 헤어지면 기쁜 관계인 '미움', 만나면 기쁘고 헤어지면 아무 감정 없는 관계인 '우정', 만나면 아무 감정 없고 헤어지면 슬픈 관계인 '정', 만나고 헤어져도 아무런 감정이 없는 '무관계'가 그것입니다. 만났을 때 기쁨을 주는 사랑과 우정의 관계가 많으면 행복할 수 있지만, 슬픔을 주는 미움과 정의 관계가 많으면 불행해지기 쉽습니다. 결국 행복하려면 기쁨을 주는 인간관계를 많이 맺어야 합니다. 만날수록 힘들고 비생산적인 관계는 피해야 하는 것입니다. 단순한 관계에서 적정한 선을 유지하는 것이 불필요한 감정 소모를 줄이는 방법입니다. 인간관계에 있어 상대에게 맞추려고만 하지 말고 절제하며 자기를 자연스럽게 드러내야 타인과 오래도록 부드러운 관계를 유지할 수 있음을 기억해야 합니다.

마음 다스리기

늘 느끼는 것이지만 하루는 생각보다 길고 인생은 생각보다 짧습니다. 우리는 하루 동안에도 많은 일을 경험하고, 다양한 존재와 부대끼는 복잡한 삶을 살아갑니다. 그래서 필자는 틈날 때마다 인적이 드문 동네주변이나 숲길을 걸으며 고독감을 체험하곤 합니다. 그렇게 길을 걷다 보면 주변의 풍경에 마음이 여유로워지고 머릿속이 맑아지기 때문입니다. 홀로 자연과 마주한 채 맑은 공기를 깊이 들이마시면 복잡하게만 느껴지던 고민들도 단순하고 명쾌해지는 것입니다.

   이렇게 홀로 걷는 것은 휴식과 사색의 기회이자 새로움을 발견하는 성장의 시간이 됩니다. 복잡한 삶에서 무엇을 버리고 무엇을 남겨야 하는지를 알게 해주고 현명한 선택을 할 수 있도록 도와주는 것입니다. 물론 그런 기회는 현재의 내 모습을 그대로 인정하고 격려할 때에만 찾아옵니다. 자신을 솔직히 받아들일 때에만 어떤 상황에서든 평정심을 유지할 수 있는 것입니다.

저자는 우리의 인식과 관점에 따라 평범한 일상을 특별하게 바꿀 수 있다고 말합니다. 우리가 일상에 좋은 의미와 가치를 부여하면 삶은 더욱 풍요로워진다는 것입니다. 오스트리아 정신의학자이자 '의미치료'라는 철학 체계를 정립한 빅토르 프랑클 또한 우리가 겪는 정신적, 심리적 질환 중에 많은 것들이 삶의 의미를 찾지 못하는 실존적 공허감에서 비롯된 증상이라고 말합니다. 이는 우리가 우리의 삶에 의미와 가치를 부여하는 자세가 필요하다는 것을 뜻합니다. 저자도 홀로 있는 자유와 고독 속에서 성장할 수 있었고 삶의 풍요를 찾을 수 있었다고 조언합니다. 고독의 시간이 자신의 삶을 돌아보고 그것에 의미와 가치를 부여할 수 있도록 해주며, 나아가 타인의 삶에도 관심을 갖도록 도와주는 것입니다.

우리는 필요하지 않은 것을 욕심내지 않는 심플한 삶이 풍요와 안식을 안겨준다는 것을 깨달아야 합니다. 그러한 삶이야말로 진정으로 의미 있고 아름다운 삶이라는 것을 말입니다. 여러분에게도 이러한 정신적 풍요가 충만한 심플한 삶이 찾아오기를 바랍니다.

08. 인생과 운명을 찬미하라

『살아온 기적 살아갈 기적』
장영희 | 샘터사(SERI 추천도서)

장영희 교수의 책을 읽을 때면 행복감을 느끼곤 합니다. 그녀의 유려한 문장에 담긴 간결한 진실을 읽는 재미는 다른 책에서는 맛볼 수 없는 경험입니다. 어린 시절부터 보통 사람보다 많은 짐을 지고 살아야 했음에도 그녀는 삶에 대한 애정을 바탕으로 긍정과 감사의 메시지를 전해왔습니다. 『살아온 기적 살아갈 기적』은 두 차례에 걸친 암으로 오랫동안 투병하던 그녀가 세상을 떠나기 직전에 엮은 책입니다. 그녀는 떠나고 없지만 그녀의 유머와 위트, 긍정의 힘은 여전히 우리 삶을 밝게 비춰 주고 있습니다.

남의 시선은 중요하지 않아

자본주의가 고도화되면서 우리나라도 빈부의 격차가 날로 심해지고 나는 대답했다. 희망의 힘이 생명을 연장시킬 수 있듯이 분명 희망은 운명도 뒤바꿀 수 있을 만큼 위대한 힘이라고. 그 말은 어쩌면 나를 향해 한 말인지도 모른다. 그래서 난 여전히 그 위대한 힘을 믿고 누가 뭐래도 크게 말하며 새봄을 기다린다.

— 본문 중에서

있습니다. 일부 계층에서는 지나치게 많은 부를 축적하는 반면, 저소득층과 가난한 노인들은 비참한 삶을 살고 있습니다. 직업을 구하지 못한 청년들이 꿈을 펼칠 기회조차 얻지 못하는 반면, 최소 삼백만 원에서 천만 원에 이르는 명품 가방이 날개 돋친 듯 팔린다고 합니다. 방송에서 어떤 여자에게 명품 가방을 들고 다니는 이유를 묻자 "사람들의 시선이 느껴져서요"라고 대답하는 걸 본 적이 있는데요, 우리 사회에 만연해 있는 과시욕이 어느 정도인지 짐작할 수 있었습니다. 장영희 교수는 어릴 때부터 목발을 짚고 다닌 탓에 남의 시선을 많이 받아야 했습니다. 앞의 여자와 달리 그녀는 아마 사람들의 시선이 불편했을 겁니다. 그녀로서는 남의 눈에 들기 위해 고가의 외제차를 타거나 값비싼 보석과 명품으로 치장하는 사람들이 이해되지 않았습니다. 연민의 시선이든 부러움의 시선이든 남의 시선은 우리에게 별로 중요하지 않습니다. 내가 명품 가방을 들고 거리를 지나가도 사람들은 한 시간도 지나지 않아 그걸 잊어버립니다. 알맹이 없는 껍데기를 만드는 데 시간을 쏟는 것보다는 새로운 것을 배우거나 새로운 곳을 여행하는 데 시간을 쓰는 게 훨씬 이롭다고 그녀는 말합니다.

나였던 그 아이의 이름을 불러보세요

삶의 현장에서 생존하기 위해 치열하게 살다 보면 이익과 관련 없는 일에는 무관심해지는 자신을 발견하게 됩니다. 또한 주변에서 일어나는 대부분의 사건들을 하찮게 여기기도 합니다. 이런 증상은 나이가 들수록 점점 심해지는데요, 어쩌면 늙는다는 것은 세상과 사람에 대해 더 이상 궁금증을 갖지 않게 되는 것인지도 모릅니다. 그렇다면 반대로 젊다는 건 주변을 세심하게 관찰하고 새로운 것을 거부하지 않는 마음이 아닐까요?

　장영희 교수는 젊음과 물리적인 나이는 아무런 상관이 없다고 말합니다. '나였던 그 아이는 어디 있을까 아직 내 속에 있을까 아니면 사라졌을까' 파블로 네루다의 시구처럼 나이를 먹어도 우리의 내면에는 여전히 어린아이가 살고 있습니다. 찾은 지 너무 오래 돼서 잊고 있었지만 여전히 마음 깊은 곳 어딘가에 살고 있는 그 아이. 그 아이를 자주 찾아주기만 한다면 아무리 나이를 먹어도 늙지 않을 겁니다.

"괜찮아!"라고 말해줘요

살다 보면 누구나 도움이 필요하거나 위로받고 싶은 순간이 있습니다. 그런데 위로해 달라거나 도와 달라고 말하는 게 그리 쉽지 않습니다. 나약한 모습을 보였다가 무시당하면 어쩌나 하는 마음에 힘들어 죽겠으면서도 강한 척, 의연한 척 혼자서 안간힘을 씁니다. 하지만 힘들 땐 위로가 필요하다고 용기 있게 말해야 합니다.

위로란 뭔가 대단한 것을 주는 게 아니라 "괜찮아, 나아질 거야" 하고 따스하게 토닥이는 겁니다. "괜찮아!" 장영희 교수는 이 말만큼 너그럽게 들리는 말은 없다고 합니다. 용서와 위로가 담긴 그 한 마디에 우리는 다시 시작할 수 있습니다. 그것은 모든 걸 포기하고 주저앉고 싶을 때 다시 일어설 수 있게 해주는 희망의 말입니다.

일상이 주는 행복

장영희 교수는 어느 날 몸속에 암이 자라고 있다는 사실을 알게 됩니다. 그 후 2년여 동안 수술과 항암 치료를 위해 바깥세상과 단절된 채 회색의 병실 안에서 살아야 했죠. 그러면서 모든 것을 그리워하게 되었다고 합니다. 아침마다 허둥대며 나서던 집 앞 골목 풍경이, 매일 보던 강의실과 학생들의 모습이, 아무 감흥도 주지 못하던 계절의 변화가 죄다 그리움의 대상이 되었던 겁니다.

우리 역시 일상의 순간들을 너무나 당연하게 여기고 아무렇지 않게 흘려보내곤 합니다. 마치 그것이 언제까지나 지속될 것처럼 말입니다. 기적 같은 삶은 그리 멀리 있지 않습니다. 주어진 시간을 소중히 여기고 충실히 살아가는 것, 일상이 주는 행복을 누릴 줄 아는 지혜가 필요합니다. 우리에게 이와 같은 소중한 깨달음을 준 그녀를 언제까지나 잊지 않을 것입니다.

09. 착각해서 더 행복한 세상

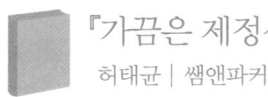

『가끔은 제정신』
허태균 | 쌤앤파커스(SERI 추천도서)

　우리가 일상에서 자주 하는 착각에는 어떤 게 있을까요? 자신이 남들보다 잘났다는 착각? 열심히 기도하면 이루어질 거라는 착각? 나는 운이 좋은 것 같다는 착각? 혹은 나는 착각하지 않는다는 착각? 이번에 소개해드릴 책의 저자는 인간이란 기본적으로 착각 속에 사는 존재이며, 착각하기 때문에 행복과 희망을 찾을 수 있다고 말합니다. 또한 자신이 착각할 수 있는 존재라는 걸 인정한다면 자신과 다른 의견을 수용하기 쉬워지고 타인을 미워하는 일도 적어질 거라고 합니다. 이렇듯 저자는 우리의 상식과 달리 긍정적인 시각으로 착각을 바라보고 있습니다. 착각은 인간의 불완전함을 상징하는 게 아니라 오히려 인간을 행복하게 만드는 선물이라는 겁니다.

> 다른 사람이 착각에 빠지는 만큼 나도 착각에 빠지고
> 내가 착각에 빠지는 만큼 다른 사람도 착각에 빠진다.
> 우리가 하는 착각의 '뿌리'를 들여다보면,
> 그곳에는 바로 우리의 욕망과 욕구, 그리고 바람이 들어 있다.
>
> — 본문 중에서

행복의 근원은 실제가 아닌 상상에 있다

우리가 당연하게 받아들이는 사실 중에서 완벽하게 확인된 진실은 거의 없습니다. "우리 부모님은 생물학적으로 내 부모님이 확실하다"라는 믿음이 대표적입니다. 유전자 검사를 통해서 확인하지 않는 이상 어디까지나 잠정적인 믿음일 뿐입니다. 그렇다고 그 믿음이 흔들린다거나 우리의 행복을 방해하는 것은 아닙니다. 이처럼 직접 우리 눈으로 확인하지 않았지만 우리 모두는 자신이 믿고 있는 것을 진실이라 여깁니다. 진실인지 아닌지가 중요한 게 아니라 진실일 거라는 믿음을 갖는 게 중요하다는 겁니다.

로또복권이 처음 출시되었을 때 전국은 '로또 광풍'에 휘말렸습니다. 어떤 사람은 한 주에만 무려 3,000만 원어치의 복권을 샀다고 했습니다. 경제가 어렵고 사회가 불안할수록 복권 판매량이 늘어난다

고 합니다. 그런데 복권을 구매하는 행동이 과연 더 나은 미래를 위한 합리적인 선택일까요? 실제로 로또에 당첨될 확률은 약 8,140,000분의 1에 불과한데, 이는 벼락을 두 번 맞고 죽는 것보다도 낮은 확률이라고 합니다. 그럼에도 많은 사람들이 천둥번개가 치는 날에도 우산을 쓰고 복권을 사러 갑니다. 번개는 남이 맞는 거고 복권 당첨은 내가 되는 거라는 상상을 하면서 말입니다.

심리학자들은 이러한 현상을 '비현실적 낙관성'이라는 말로 설명합니다. 즉 좋은 일에 대해서는 객관적인 확률보다 자주 일어날 거라고 믿지만, 나쁜 일에 대해서는 실제로 일어날 확률보다 덜 일어날 거라고 믿는다는 겁니다. 이러한 경향이 로또에만 국한되는 것은 아닙니다. 국가대표로 뛸 확률은 엄청나게 낮은데도 국가대표가 될 거라고 믿으며 열심히 운동하는 청소년들이 많습니다. 대기업 임원의 자리는 지극히 적은데도 수많은 신입사원들이 전무나 사장의 자리를 꿈꿉니다. 이 역시 비슷한 사례입니다.

하지만 저자는 이러한 착각이 사회적으로나 개인적으로 나쁜 결과를 가져오는 게 아니라고 말합니다. 만약 세상에 착각하지 않는 사람들만 있다면 불확실한 것에는 절대로 투자가 일어나지 않을 겁니다. 그렇다면 주식시장이라는 건 절대로 성립할 수 없겠죠. 어쩌면 모든 종류의 매매 자체가 불가능하게 될지도 모릅니다. 만약 국가대표가 될 거라는 확실한 보장을 받은 극소수의 청소년들만이 축구라는 운동에 도전한다면 어떻게 될까요? 열심히 일해도 사장이 될 가능성이 없기 때문에 아무도 신입사원이 되려고 하지 않는다면 어떻게 될까요? 아마 세상은 금세 마비되고 말 겁니다. 이것이 착각이 필요한 이유입니다.

한 가지 주목할 점은 복권에 당첨될 거라는 착각이 현실이 되자 오히려 전보다 더 불행해졌다는 겁니다. 15억 원 상당의 복권에 당첨됐던 30대의 영국 남성이 불과 5년 뒤에 자살로 생을 마감한 사건이 있었습니다. 그는 물질적으로 풍족했음에도 "모든 것이 의미 없다. 아무것도 흥미롭지 않다"고 자주 말했다고 합니다. 왜 그랬을까요? 복권에 당첨되는 순간 마음의 가면을 벗어야 했던 게 이유가 되지 않았을까요? 그가 복권에 당첨되어 거액의 현금을 보유하게 됐다는 걸 안 사람들이 그에게 도움을 요청했을 겁니다. 어쩌면 전혀 상관없는 사람들이 그의 돈을 노리고 달려들었을지도 모릅니다. 그들 모두에게 도움을 주자니 돈이 아깝고 뿌리치자니 야박한 사람이 될 수밖에 없었을 겁니다. 복권에 당첨된 후 그의 삶은 더 쓸쓸하고 고독한 것이 되었을 겁니다. 어쩌면 그는 복권에 당첨되기 전으로 돌아가고 싶었을지도 모릅니다. 복권에 당첨될 생각에 들떠서 행복해하던 그 시절로 말입니다.

믿음이 우리를 속일지라도

우리도 모르는 사이에 우리를 지배하고 있는 착각의 사례들은 무수히 많습니다. 사람들은 한 번도 목격한 적 없는 자연 현상이나 과학 이론을 당연하게 여깁니다. 혹은 주변 사람들이 자신에게 많은 관심을 갖고 있다는 착각을 자주 합니다. 아무리 소설 같은 이야기더라도 역사책에 나오면 사실로 믿어버리고, 기도하면 이루어질 거라는 목사님의 말씀을 부정하지 않습니다. 이러한 착각 혹은 믿음은 우리에게 안정과 확신을 주고 우리 삶을 지탱하는 역할을 합니다.

우리 사회에서 특히 강력하게 작용하는 착각은 자식에 대한 부모의 믿음일 겁니다. 물론 그 믿음은 충분한 보상으로 돌아오지 않는 경우가 대부분입니다. 우리 자녀들이 열심히 공부해서 SKY 대학을 나오고 어렵게 대기업에 취직하더라도 50세까지 살아남아 임원이 될 확률은 지극히 낮습니다. 또한 박지성보다 축구를 잘하더라도 월드컵에 나갈 선수는 스물세 명뿐입니다. 이처럼 객관적인 사실에 근거해서 살펴보면 성인이 된 후 자녀들의 삶이 어떻게 펼쳐질지 짐작할 수 있습니다. 그런데도 대부분의 부모들은 자녀에게 필요 이상의 돈을 쓰고 정작 자신의 노후를 대비하지 않습니다. 정작 부모의 돈으로 자란 자식은 늙은 부모를 돌볼 힘과 의사가 전혀 없는데 말입니다.

그럼에도 부모가 자식에게 모든 것을 다 주는 이유는 뭘까요? 그건 바로 자식이 잘 자라서 중요한 인물이 될 거라는 착각이 지금 당장 우리를 행복하게 해주기 때문입니다. 사회학자 테일러와 브라운의 연구에 따르면, 자신의 미래를 정확하게 지각하고 비현실적인 낙관성을 보여주지 않는 집단, 이른바 착각을 덜 하는 사람들 중에는 우울증에 걸린 사람들이 많다고 합니다. 현실을 있는 그대로 받아들이는데 어떻게 우울하지 않을 수 있겠습니까? 상상력이 없는 사람은 불행합니다. 행복을 원한다면 착각해야 합니다.

착각의 유형

2001년 9월 11일, 세계는 뉴욕에서 일어난 엄청난 테러 사건에 경악을 금치 못했습니다. 테러리스트들이 두 대의 여객기를 납치해 세계무역센터에 충돌함으로써 3,000여 명의 사상자가 발생한 사건이었습니다. 사건 직후 한국에서도 많은 사람들이 미국 여행을 취소했고, 특히 뉴욕으로 가는 비행기 표는 단돈 17만 원에 팔리기도 했습니다. 그때 여행을 취소했던 사람들은 그 대신에 뭘 했을까요? 아마 서울 시내에 머물면서 일상을 즐겼을 것 같은데요, 이들 대부분은 미국 여행을 취소하고 서울에 머무는 것이 더 위험한 일이라는 사실을 전혀 몰랐을 겁니다. 비행기 사고가 나서 죽을 확률보다 서울에서 교통사고로 죽을 확률이 훨씬 높다는 통계적 사실을 무시한 것입니다. 이처럼 사람은 위험성을 판단할 때 위험을 내포한 정보가 얼마나 머리에 쉽고 빠르게 떠오르는지에 의존하는데, 이러한 경향을 '가용성 방략'이라고 합니다. 실제로는 교통사고로 죽는 사람이 훨씬 많지만 사람들의 머릿속에는 비행기가 사고로 추락하는 모습이 강렬하게 남아서 쉽게 떠오르는 겁니다.

사람이든 동물이든 지나치게 자주 실패를 경험하게 되면 무기력에 빠져서 잘할 수 있는 일조차 충분한 노력을 기울이지 않게 됩니다. 그런데 최소한 실패한 이유를 정확히 알고 있다면 다시 일어설 수 있는 힘을 얻을 수 있습니다. 이는 상황을 통제하고 있다는 착각이 유효하게 작용하기 때문인데요, 이처럼 통제하고 있다는 착각은 인간의 삶에서 중요한 역할을 하곤 합니다. 심지어 인간은 통제할 수 없는 것에 대해서도 통제할 수 있다는 착각을 만들어 위안을 삼는데, 심리학에서는 이를 '착각적 통제감'이라는 말로 부릅니다.

그밖에도 이 책은 다양한 착각의 유형을 소거하고 있습니다. 중요한 것은 우리가 내리는 모든 판단에는 착각의 여지가 있다는 점입니다. 우리는 특히 자기 자신과 관련된 일에 대해서는 긍정적인 쪽으로 착각합니다. 대부분의 사람들은 스스로가 평균 이상은 된다고 생각하며, 자신이 하는 일은 잘될 거라는 막연한 기대를 가집니다. '잘되면 제 탓, 못되면 조상 탓'은 얄미운 습관처럼 보이지만 실제로는 건강한 사고방식이라고 할 수 있습니다. 저자는 객관적인 사실에 절망하기보다는 틀리더라도 착각함으로써 열정을 유지하는 게 더 낫다고 합니다. 그리고 자신이 언제든 착각할 수 있는 존재임을 받아들이면 다른 이의 주장을 진지하게 받아들일 수 있다고도 말합니다. 자신이 틀릴 수 있다는 사실을 인정함으로써 보다 포용력 있는 사람이 된다는 겁니다.

우리는 이 책을 통해 우리가 수많은 착각 속에 살고 있다는 명확한 사실을 알게 되었습니다. 적어도 그것만큼은 착각이 아닐 겁니다. 모든 진실을 아는 것은 불가능하며, 결국 우리는 적당히 착각하며 살 수밖에 없습니다. 늘 착각하되 아주 가끔만 제정신일 수 있다면 우리의 삶은 더 행복할 것입니다.

10. 사색하는 삶은 방향을 잃지 않는다

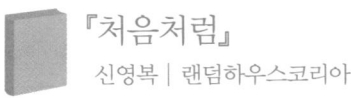
『처음처럼』
신영복 | 랜덤하우스코리아

지금 우리가 사는 시대는 모든 것이 너무 빠르게 지나갑니다. 뭔가에 이끌리듯 하루하루를 정신없이 보내다 보면 어느새 계절이 바뀌고 한 해가 저물어 갑니다. 가끔은 인생이 그렇게 덧없이 흘러간다는 사실이 무섭고 서글프기도 합니다. 걸어온 길을 돌아볼 여유도 없이 오늘도 어딘가에 발자국을 하나 남겼습니다.

철학자 쇼펜하우어는 이렇게 말했습니다. "인생이란 수를 놓은 천과 같다. 생의 전반부에는 천의 앞면이 보이고 후반부에는 천의 뒷면이 보인다. 뒷면은 앞면처럼 아름답지는 않지만 얻을 것이 매우 많다. 바늘이 어떻게 움직였는지는 뒷면을 보면 알 수 있기 때문이다." 바늘의 움직임을 알기 위해 천의 뒷면을 보듯이 우리가 어떻게 살아왔는지 알기 위해서는 우리 인생의 뒷면을 살펴야 합니다.

이번에 소개해드릴 책에는 신영복 교수의 그림과 글씨가 담겨 있

첩경(捷經)과 행운에 연연해하지 않고
역경에서 오히려 정직하며 기존(既存)과 권부(權富)에
몸 낮추지 않고 진리와 사랑에 허심탄회한,
그리하여 스스로 선택한 우직함이야말로
인생의 무게를 육중하게 합니다.

— 본문 중에서

는데요, 삶에 대한 따뜻한 시선과 통찰이 느껴지는 그의 서화를 감상하면서 여러분의 삶을 돌아볼 수 있는 기회를 얻었으면 합니다.

처음처럼

처음으로 하늘을 만나는 어린 새처럼
처음으로 땅을 밟고 일어서는 새싹처럼
우리는 하루가 저무는 저녁 무렵에도
아침처럼
새봄처럼
처음처럼
다시 새날을 시작하고 있다.

책의 문을 여는 짧은 글귀에서부터 삶에 대한 저자의 신념을 읽을 수 있습니다. 20년 하고도 20일이라는 시간을 감옥에서 보내야 했던 그에게 아무런 변화 없이 반복되는 하루는 그저 감내의 대상이 될 수밖에 없었을 겁니다. 그럼에도 그는 감옥 밖에 사는 수많은 보통 사람들처럼, 아니 그들보다 더 설레고 기쁜 마음으로 새롭게 시작되는 나날을 맞이했습니다. 겨울을 봄처럼, 저녁을 아침처럼, 끝을 처음처럼 맞이하던 그의 오랜 습관은 그가 감옥에서의 삶을 마치고 일상적인 삶으로 돌아올 수 있었던 힘이 되었는지도 모릅니다.

춘풍추상(春風秋霜)

신영복 교수가 대전교도소에서 복역할 때의 일화입니다. 함께 생활하는 사람 중에 한밤에 변소를 다녀오면서 문을 쾅 닫는 이가 있었다고 합니다. 문에 자전거 튜브를 끼워 놓았는데도 소리가 요란해서 아침마다 다른 이들에게 핀잔을 받았답니다. 하루는 신영복 교수가 그에게 "다른 사람들이 싫어하는데 왜 그러십니까?" 하고 묻자 그가 이렇게 말했다고 합니다.

"제가 축대 위에서 떨어지는 바람에 다리를 다쳤어요. 쪼그렸다 일어나면 완전히 마비가 되는데, 추운데 마비 풀릴 때까지 있을 수가 없어서 늘 문을 놓치는 거예요."

그 말을 듣고 신영복 교수는 적잖이 놀랐다고 합니다. 그런 속사정이 있는 줄은 꿈에도 모르고 늘 따가운 시선으로 바라보았기 때문입니다. 다른 사람들에게 설명하고 양해를 구하라고 하자 돌아온 말에 그는 또 한 번 놀랐습니다. "어떻게 세세한 것까지 이해받나요. 그냥 이렇게 살아야죠."

이 일로 신영복 교수는 사람을 입체적으로 이해하는 태도가 필요하다는 사실을 깨달았다고 합니다. 그리고 '대인춘풍 지기추상(待人春風 持己秋霜)'이라는 좌우명도 생겼다고 합니다. 남을 대하기는 봄바람처럼 관대하게 하고, 자기를 지키기는 가을 서리처럼 엄정하게 해야 한다는 뜻입니다. 신영복 교수는 이렇게 말합니다. "다른 사람에게는 내가 모르는 사정이 있겠지 생각하고, 나에게는 엄격하게 해야 합니다. 그런데 우리는 어떤가요. 반대로 하죠. 다른 사람에겐 엄격하고 자신에겐 관대하잖아요. 누군가와 관계를 맺을 땐, 상대에게 내가 모르는 수많은 사연이 있을 거라는 마음가짐을 가져야 합니다."

타인에 대한 섣부른 판단은 진정한 관계를 맺는 것을 방해합니다. 나 자신이 살아온 과정도 온전히 기억하지 못하는데 남에게 무슨 사연이 있는지를 어찌 다 알 수 있을까요? 그럼에도 우리는 겉으로 드러난 작은 부분만으로 남을 쉽게 판단하곤 합니다. '대인춘풍 지기추상'을 실천하고자 노력한다면 그런 잘못도 점점 줄일 수 있을 거라고 믿습니다.

애지 욕기생(愛之 欲其生)

많은 문인들이 사랑에 대한 다양한 명언들을 남겼지만 저에게 가장 와 닿았던 말은 『논어』에 나오는 '애지 욕기생(愛之 欲其生)'이라는 말입니다. 즉 누군가를 사랑한다는 것은 그 사람이 살아가게끔 하는 것이라는 뜻입니다. 단순한 말 같지만 여기에는 사람답게 살게끔 지켜주고 격려해야 한다는 중요한 뜻이 포함되어 있습니다. 그리고 그러기 위해서는 상대의 모든 것을 받아들여야 합니다.

아무리 절절하게 사랑한다 해도 그것이 자기 본위의 사랑이라면 진정한 사랑이라고 할 수 없을 겁니다. 사랑한다는 것은 상대방의 밝음과 어둠을, 봄과 겨울을, 기쁨과 슬픔을 모두 받아들이는 것입니다. 그래서 장석주 시인은 이런 말을 했나 봅니다. "사람들 하나하나는 우주를 품어 안은 심연이다. 사랑이란 그 심연에 대한 이해와 숙고의 과정이다." 한 사람을 이해한다는 건 어쩌면 심연보다 깊은 어딘가로 빠져드는 것인지도 모릅니다. 살다 보면 맑고 화창한 날도 있지만 폭우가 쏟아지는 날을 만나기도 합니다. 비를 맞는 사람에게 우산을 씌어주는 것보다 함께 비를 맞아주는 게 더 나을 때가 있습니다. 같은 곳을 보고 함께 걸어가는 것은 사랑의 가장 확실한 방법 중 하나입니다. 관계의 진정한 의미는 공유로부터 비롯됩니다.

상선약수(上善若水)

물은 만물을 이롭게 하되 자신은 항상 낮은 곳에 둡니다. 그리고 결코 다투는 법이 없기 때문에 또한 허물이 없습니다. 상선약수(上善若水), 최고의 선이 물과 같다고 하는 까닭입니다.

'상선약수'는 노자의 『도덕경』에 나오는 유명한 말입니다. 물을 최고의 선으로 치는 이유는 만물을 이롭게 하고, 다투지 않으며, 낮은 곳에 머물기 때문입니다. 물이 만물을 이롭게 함은 누구도 부정할 수 없습니다. 물은 모든 생명의 근원입니다. 물이 다투지 않는다는 것은 가장 과학적이고 합리적인 방식으로 실천한다는 뜻이라고 신영복 교수는 말합니다.

지나치게 큰 목표를 설정하거나 목표를 이루는 과정에 문제가 있는 경우 다툼이 일어납니다. 차곡차곡 하나씩 채워나가 무르익었을 때 움직여야 무리가 없고 허물이 없습니다. 또한 물은 낮은 곳, 비천한 곳, 소외된 곳에 머뭅니다. 만약 우리가 물에 비추어 선을 행한다면 바다가 그렇듯 세상을 품을 수도 있을 겁니다.

석과불식(碩果不食)

나뭇잎이 모두 떨어지고 앙상한 나목의 가지 끝에 걸려 있는 마지막 과실을 '씨과실(碩果)'이라 합니다. '석과불식(碩果不食)'이란 이 씨과실을 먹지 않는 것을 뜻합니다. 먹지 않고 땅에 심어서 새봄에 싹으로 돋아나게 하는 것입니다. 신영복 교수는 그것이 역경을 극복하기 위해 우리가 해야 할 일이라고 말합니다. "석과를 새싹으로 돋아나게 하고, 나무로 키우고, 숲을 이루어내기 위해서는 장구한 세월 동안 수많은 일들을 감당해야 합니다. 그것은 사람을 키우는 일입니다."

좋은 쇠는 뜨거운 화로에서 백 번 단련되어야 나오는 법이며, 매화는 추운 고통을 겪은 다음에야 맑은 향기를 발하는 법입니다. 신영복 교수는 감옥을 홍로(紅爐)처럼 자신을 단련하는 공간으로 삼고 무기징역형을 한고(寒苦) 속의 매화처럼 청향을 예비하는 시절로 생각했다고 합니다. 그의 말처럼 삶은 언제나 과정 속에 있습니다. 또한 이 과정에는 완성이란 없습니다. 그러므로 우리가 어떤 과정 속에 있더라도 우리는 새로운 가능성을 기대할 수 있습니다. 절망 속에서도 긍정의 마음으로 새싹을 심는다면 그 역시 아름다운 과정으로 꽃피울 수 있을 겁니다.

제 3 장

더 나은 미래를 위한 냉철한 안목

03

『디테일의 힘』
왕중추 | 올림(SERI 추천도서)

『우리는 어디로 가고 있는가』
정구현 | 청림출판

『삶의 정도』
윤석철 | 위즈덤하우스(SERI 추천도서)

『드러커 100년의 철학』
피터 드러커 | 청림출판(SERI 추천도서)

『태도의 차이』
김남인 | 어크로스

11. 작은 것들, 그 속에 보이지 않는 기적

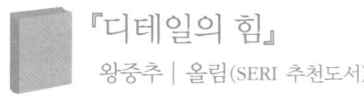

『디테일의 힘』
왕중추 | 올림(SERI 추천도서)

사람들은 원대한 목표나 전략을 수립하는 것은 잘하면서도 정작 그 안에 들어 있는 작은 일들은 소홀히 다루곤 합니다. 하지만 작은 차이들이 쌓이고 쌓여서 결국에는 전혀 예상치 못한 커다란 차이를 만들어 낸다는 점을 기억해야 합니다. 이번에 소개해드릴 책의 저자는 다년간 마케팅 및 관리 분야에 종사하면서 급격한 시대 변화 속에서도 명성을 이어가는 기업들의 사례를 연구한 결과 성공한 기업들이 공통적으로 갖고 있는 세심한 주의력과 디테일에 주목하게 되었다고 합니다.

'$100-1=0, 100+1=200$'

디테일에 관한 유명한 부등식입니다. 수학적으로 접근할 경우 엉터리 공식이 되어버리지만, 여기에는 중요한 의미가 담겨 있습니다. 즉 1%의 부족함이 나머지 99%를 무용지물로 만들어 버릴 수 있으

> 많은 일들이 제대로 이루어지지 못하는 것은 의식 부족 때문인 경우가 태반입니다. 디테일에 세심한 주의를 기울이기 위해서는 먼저 의식을 변화시켜야 하며 다음으로는 훈련에 치중해야 합니다. 일을 할 때에는 큰 것만 추구하지 말고 처세에서는 작은 것에 연연하지 마시기 바랍니다.
> ―본문 중에서

며, 반대로 1%의 치밀함이 두 배 이상의 결과물을 만들어낸다는 점입니다. 이 부등식을 증명하는 실화들은 우리 주변에서도 쉽게 찾아볼 수 있습니다.

경영학의 구루인 피터 드러커는 "효과적인 혁신도 처음 시작할 때에는 눈에 띄지 않을 수 있다"라고 말했습니다. 조직에 큰 변화를 가져오는 혁신조차도 실은 아주 디테일한 부분에서 시작된다는 말입니다. 이러한 디테일은 하루아침에 갑자기 생겨나는 것이 아니라 평소의 사소한 습관 속에서 만들어집니다.

1961년 4월 12일, 인류 최초로 우주비행에 성공했던 러시아의 유리 가가린은 당시 19명의 지원자들과 경합을 벌인 끝에 최종 선발되었는데요, 그가 우주비행사로 선발된 건 아주 작은 차이 때문이었다고 합니다. 최종 결정이 있기 1주일 전, 가가린을 포함한 스무 명의 지원자들은 비행선 보스토크 1호에 직접 타 볼 수 있는 기회를 갖게 되었습니다. 이때 다른 지원자들은 모두 신발을 신고 비행선에 올라탄 반면, 가가린은 신발을 벗고 올랐다고 합니다. 이를 목격한 비행선 설계사는 자신이 만든 비행선을 아끼는 가가린에게 인류 최초로 우주를 비행할 수 있는 영광을 부여하게 됩니다. 비행선을 만든 이에게 경의를 표하기 위한 작은 행위가 운명을 바꿔버린 것이죠.

이번엔 조금 다른 이야기입니다. 베이징의 외국 기업에서 직원을 채용할 때의 일인데요, 몇 차례의 관문을 통과한 지원자들이 면접을 위해 앉아 있었습니다. 그런데 면접관인 회장이 갑자기 급한 일이 생겼다며 10분 뒤에 돌아오겠다고 말하고는 면접장을 떠났습니다. 호기심이 발동한 지원자들이 책상 위에 놓여 있는 서류를 뒤적여 보았습니다. 10분 뒤에 나타난 회장은 뜻밖의 선언을 합니다. "오늘 면접은 끝났습니다. 아쉽게도 합격자는 없습니다." 회장의 말에 당황한 지원자들은 "면접은 시작하지도 않았잖습니까?"라고 물었습니다. 그러자 회장은 "면접은 내가 자리를 비운 동안 실시되었고, 우리 회사는 회장의 서류를 마음대로 들춰보는 사람을 직원으로 채용할 수 없습니다"라고 말했습니다. 가가린의 사례와 달리 생각 없이 한 작은 행동 때문에 기회를 놓쳐버리게 된 것입니다.

디테일이 만들어낸 결과는 언뜻 우연처럼 보이기도 하지만 사실은 필연에 가깝습니다. 다음은 필라델피아에서 있었던 일입니다.

한 노부인이 길을 가다가 갑자기 소나기를 만나 비를 피하고자 근처 백화점에 들어갔습니다. 직원 중 누구도 평범한 옷차림을 한 채 비에 흠뻑 젖어 있는 그녀에게 주목하지 않았습니다. 그런데 페리라는 이름의 청년이 부인에게 다가오더니 "부인, 무엇을 도와드릴까요?"

하고 물었습니다. 부인은 미소를 지으며 말했습니다. "괜찮아요. 비가 멈추면 곧 나갈 거라우." 물건은 사지 않고 비만 피하고 있는 자신이 염치없게 느껴졌는지 이리저리 둘러보고 있는 부인에게 페리가 다시 다가와 말했습니다. "불편해하지 않으셔도 돼요. 문 앞에 의자를 갖다 놓았으니 편히 앉아 계세요." 소나기가 그치자 노부인은 페리에게 고맙다고 말하며 그의 명함을 받아들고 백화점을 떠났습니다. 몇 개월 뒤에 필라델피아 백화점의 사장인 제임스에게 한 통의 편지가 도착했습니다. 편지에는 백화점과 거액의 물품 공급 계약을 체결하고 싶다는 내용과 함께 그것을 페리라는 직원이 담당해줄 것을 요청한다는 내용이 들어 있었습니다. 편지의 발신인은 백화점에서 비를 피하던 그 노부인이었으며, 그녀는 미국의 '철강왕' 카네기의 모친이었습니다. 페리의 작은 친절이 백화점에 가져다 준 이익은 백화점 전체 총이익 2년 치에 해당하는 것이었습니다. 우연처럼 보이지만 페리의 섬세한 배려 속에는 이미 행운의 여신이 잠자고 있었던 겁니다.

어느 외국계 회사에서 최초로 여성 임원이 된 여자의 이야기입니다. 그녀가 그 회사에 처음 들어가서 맡은 일은 복사였다고 합니다. 그녀는 자신이 맡은 일을 누구보다 성실히 수행했습니다. 복사하기 전에는 항상 유리판과 덮개를 깨끗이 닦았고 언제나 종이를 정확히 배치한 뒤에 복사 버튼을 눌렀습니다. 스테이플러를 찍을 때도 매번 같은 위치에 찍기 위해 노력했습니다. 회사 사람들은 서류만 봐도 그녀가 복사한 문서라는 것을 알아차릴 정도였습니다. 그러던 어느 날, 사장에게 제출할 결재 서류를 복사하라는 지시를 받았는데, 하필 복사기가 고장 나는 바람에 낭패를 볼 위기에 처했습니다. 그녀는 퇴근한 복사기 회사 직원의 집까지 찾아가 복사기를 수리했고, 결국 새벽 세 시가 넘어서야 결재 서류를 복사할 수 있었습니다. 이 사실을 알게 된 사장은 그녀를 원하는 부서에 배치해 주었고, 그곳에서도 역시 열심히 일한 결과 임원의 자리까지 오를 수 있었습니다. 작은 소임에도 최선을 다하는 그녀의 습관이 큰 결과를 만들어낸 것입니다. 그녀의 성공을 과연 우연이라고 말할 수 있을까요?

디테일은 개인은 물론이고 기업의 성패와도 직접적인 상관관계를 갖습니다. 도쿄의 무역회사에서 바이어를 위해 차표를 구매하는 일을 하던 여직원의 이야기입니다. 어느 날 이 회사와 거래를 해오던 바이어는 흥미로운 사실을 발견하게 됩니다. 그가 오사카로 향할 때는 항상 기차의 우측 창가 쪽에 자리가 예매되어 있었는데, 도쿄로 돌아올 때에는 좌측 창가 쪽에 예매가 되어 있었던 겁니다. 바이어는 여직원에게 그 이유를 물었고 그녀는 이렇게 대답했습니다. "오사카로 갈 때는 후지산이 오른쪽에 있고 도쿄로 돌아올 때는 후지산이 왼쪽에 있기 때문이지요. 갈 때나 돌아올 때나 후지산의 아름다운 경치를 감상하시라고 그렇게 예매해드린 겁니다." 그 한마디에 바이어는 그 회사와의 거래액을 4만 마르크에서 1200만 마르크로 늘렸다고 합니다.

디테일을 중시하는 습관은 세계적인 기업으로 성장하는 데도 중요한 역할을 합니다. 맥도날드는 찌그러지거나 가지런하게 잘리지 않은 식빵은 사용하지 않으며, 햄버거에 들어가는 고기는 40여 가지의 검사를 거친 뒤에 사용하고, 채소는 냉장고에서 꺼낸 뒤 두 시간 안에 조리하는 원칙을 철저히 지킨다고 합니다. 또 감자튀김은 만든 지 7분, 햄버거는 9분이 지나면 남김없이 폐기하는 걸로 유명합니다. 전자제품 기업인 하이얼은 자사의 전 제품에 대해 155개 항목에 걸쳐 품질 검사를 실시하고, 제품의 생산부터 출고에 이르는 전 과정을 문

서로 기록한다고 합니다.

  영국의 한 기업가는 오늘날 기업들이 치열한 경쟁 속에서 성공할 수 있는 비결로 '예측, 차별화, 혁신'을 들었습니다. 날이 갈수록 기업 간 기술 격차가 줄어들고 제품 역시 비슷해지는 상황에서 미래를 예측하고 차별화를 실현하기란 쉬운 일이 아닙니다. 결국 소비자의 입장에서 무엇이 필요한지를 세심하게 고려해서 제품과 서비스에 반영해야만 경쟁에서 이길 수 있을 겁니다. 진보라는 관점에서 보면 언제나 좋은 것은 없으며 오로지 더 좋은 것만이 있을 뿐입니다. 물론 더 좋은 제품과 더 좋은 서비스는 디테일에 대한 끊임없는 고민이 있어야만 가능합니다.

  지금까지 디테일의 힘이 만들어낸 감동적인 사례들을 살펴봤습니다. 마지막으로 디테일과 관련하여 명심해야 할 점을 되새기면서 마치고자 합니다. 첫째, 디테일에 있어서 완벽이란 존재할 수 없다는 점입니다. 기업이 모든 영역에서 디테일을 추구한다는 것은 현실적으로 불가능합니다. 우리가 추구하는 디테일은 그 기업이 가장 중요하게 여기는 한정된 영역에서만 가능합니다. 둘째, 잘못된 디테일을 선택했을 때 감당해야 하는 결과는 파괴적이라는 점입니다. 전략의 대가인 마이클 포터 교수는 "전략이란 하지 않을 일을 선택하는 것"이라고 했습니다. 필요한 일을 잘하기 위해서는 필요하지 않은 일을 잘 선택해야 한다는 말인데요, 어떤 부분에서 디테일을 추구할 것인지 결정하는 문제는 디테일을 실행하는 것만큼이나 중요합니다. 기업이 처한 거시환경과 내부환경을 정확히 분석하여 디테일의 영역을 선택하고 치열하게 집중하는 기업만이 자원의 낭비를 막고 성공을 거둘 수 있다는 점을 명심하기 바랍니다.

12. 우리의 성공에 대하여

『우리는 어디로 가고 있는가』
정구현 | 청림출판

최근 연합뉴스의 보도에 의하면 2012년 한국은 명목 국내총생산(GDP) 규모 1조 1천295억 달러로 세계 15위를 기록했다고 합니다. 전 세계 252개국 중에 15위라고 하니 언뜻 대단하게도 보이는데요, 하지만 이어지는 기사에는 반전이 따릅니다. 한국의 달러표시 명목 GDP 순위가 2004년 11위에서 해마다 뒷걸음쳐 2008년 15위로 떨어진 뒤 벌써 5년째 답보 상태에 빠져 있다는 내용이 이어지는 것입니다.

아시다시피 한국은 지난 60년간 초고속 압축 성장을 이룩해냈습니다. 그런데 위 기사를 보면 앞으로의 전망이 그리 낙관적이지만은 않을 것 같습니다. 그런 의미에서 이번에 소개해드릴 책은 매우 시기적절한 결과물이라고 생각되는데요, 정구현 교수는 『우리는 어디로 가고 있는가』에서 한국의 경제 성장 과정을 회고하고, 향후 15년간 한 한국 성공의 원동력은 부지런히 일하고 치열하게 공부하면 성공한다는 국민의 믿음과, 과감한 베팅을 하고 활발하게 사업을 하면 돈을 벌 수 있다는 확신이었다. 그렇다면 대한민국 성공방정식은 2013년 오늘에도 여전히 유효한가?

— 서문 중에서

국경제가 마주하게 될 기회와 위험을 명확하게 조명하고 있습니다. 저자는 기업 경영과 세계화에 대한 연구 결과와 현장에서의 폭넓은 경험을 접목함으로써 한국경제의 재도약을 위한 구체적인 대안을 제시합니다. 저자의 광범위한 견해를 몇 장의 지면에 담아내는 것은 어려운 일이지만 반드시 유념해야 할 내용을 중심으로 소개해드릴까 합니다.

우리의 성공방정식은……

지난 60년간 우리가 유지해온 성공방정식은 과연 앞으로도 유효할까요? 그 대답을 위해서는 산업화와 민주주의라는 두 측면에서 놀랄만한 업적을 일구어낸 요인이 무엇이었는지를 살펴봐야 합니다. 먼저 취약한 법치 질서와 사회적 신뢰를 '가족의 신뢰'가 대신해 주었다는 점을 들 수 있습니다. 고시 제도를 통해 선발된 인재들에 의해 정책의 일관성이 유지된 점도 들 수 있겠네요. 아시다시피 민주주의의 발전은 인권 존중과 정치권력의 분산 및 노동 운동의 활성화와 함께 이뤄졌습니다. 또한 지방자치제도의 도입으로 지방의 사회간접자본이 확충되었으며, 지방자치단체장에 대한 직접 선거에 의해 지역 주민을 위한 사업이 전개됨으로써 균형 발전이 가능해졌습니다.

그밖에도 한국의 산업화와 민주주의를 견인한 요소들은 무척이나 다양합니다. 그렇지만 저자는 우리를 성공으로 이끈 것은 빠른 학습 능력과 실력주의에 기반을 둔 성과주의 가치관이라고 단언합니다. 성과주의 가치관은 학습에 대한 한국인의 열정과 과업에 몰입하는 성향이 결합된 결과물입니다. 이는 열심히 일하는 사람이 잘 산다는 단순한 믿음에서 출발하는 것입니다. 그런 믿음이 있었기에 우리 국민은 누구보다 치열하게 공부하고 누구보다 오랫동안 일했습니다. 어느 시인이 노래한 것처럼 우리 국민의 성과주의 가치관은 담쟁이와 같은 불굴의 의지와 열정을 무기로 비약적인 성장을 가능하게 했습니다.

저것은 벽
어쩔 수 없는 벽이라고 우리가 느낄 때
그때
담쟁이는 말없이 그 벽을 오른다.
물 한 방울 없고 씨앗 한 톨 살아남을 수 없는
저것은 절망의 벽이라고 말할 때

담쟁이는 서두르지 않고 앞으로 나아간다.
한 뼘이라도 꼭 여럿이 함께 손을 잡고 올라간다.
푸르게 절망을 다 덮을 때까지
바로 그 절망을 잡고 놓지 않는다.
저것은 넘을 수 없는 벽이라고 고개를 떨구고 있을 때
담쟁이 잎 하나는 담쟁이 잎 수천 개를 이끌고
결국 그 벽을 넘는다.

― 도종환, 「담쟁이」

 어떤가요? 저 담쟁이 잎과 한국인이 무척 닮아 있지 않나요? 이처럼 한국인의 정신에는 성과를 달성하려는 치열함과 현실의 벽을 넘고자 하는 도전 의식이 내재되어 있습니다. 그것은 자연스럽게 물질적인 풍요로 이어졌습니다. 그런데 어쩐 일인지 삶에 대한 우리의 만족도는 지극히 낮은 것으로 조사되곤 합니다. 물질적인 풍요와 정신적인 빈곤이 동시에 진행되는 기이한 현상이 나타난 것입니다. 어째서 그런 걸까요?
 성취욕이 높은 사람은 자신과 타인의 성과를 비교함으로써 만족도를 결정하는 경향이 있다고 합니다. 하지만 타인과 비교하는 삶에서는 아무리 큰 성공을 이루더라도 쉽게 만족하기 어렵습니다. 불만족은 불안이나 시기와 같은 부정적인 정서를 동반하고 스트레스를 유발합니다. 인도의 명상가 크리슈나무르티는 "자신의 가슴을 타인의 노래로 채우지 마라"고 조언한 바 있습니다. 이처럼 타인과 나를 비교하는 것을 지양하고 스스로의 삶과 온전히 대면해야만 행복에 가까워질 수 있습니다. 그런 의미에서 인간의 보편적 불완전성에 의한 성취욕망과 삶의 만족이 균형을 찾는다면 우리는 일과 삶에 있어 좀 더 자유로울 수 있을 것입니다.

  그런데 저자는 최근 들어 우리의 성과주의 가치관이 점점 흔들리고 있다고 말합니다. 경제민주주의나 보편적 복지와 같은 평등주의적 접근 방식과 이를 실현하려는 정부의 개입이 한국인의 도전 정신과 성과주의 가치관에 위배될 수 있다는 주장입니다. 게다가 경제가 발전할수록 인구 고령화가 가속화되고 자본의 한계생산성도 낮아지고 있습니다. 우리의 성공방정식이 더 이상 유효하지 않다는 징조들이 여기저기에서 나타나고 있는 것입니다.

지금 우리 앞에

이에 더하여 저자는 우리가 직면하고 있는 세 가지의 직접적인 도전을 강조합니다. 첫째, 바로 지척에 있는 중국의 급격한 성장입니다. 기나긴 모방의 역사를 거쳐 이제 중국의 민간 기업은 상당한 기술 수준에 도달했습니다. 또한 중국에는 흉내조차 낼 수 없는 거대한 내수 시장이 존재합니다. 이러한 조건을 바탕으로 중국은 2017년 즈음에는 미국과 대등한 수준의 경제 규모를 달성할 것으로 예상됩니다. 둘째, 인구 고령화라는 도전입니다. 지금의 저출산 현상이 꾸준히 이어진다면 한국은 2017년에 고령사회로, 2026년에는 초고령사회로 진입하여 더 이상 노동력의 증가를 기대할 수 없게 될 것입니다. 현재 30~35세 이하 세대는 미래를 위한 대비보다는 일정 수준 이상의 소비를 선호하는 행태를 보입니다. 그들의 가치관이 점차 변화하는 것 역시 잠재적인 위험 요소가 될 것입니다. 셋째, 북한 체제의 불안전성입니다. 북한은 향후 15년 안에 체제 변화가 불가피하므로 우리에게 어떤 형태로든 부담을 줄 것이 분명합니다. 그밖에도 저자는 의료, 금융 등 민간 이익집단의 고착화, 공공부문과 공기업의 구조조정이 지연되는 점, 고임금 구조 등을 한국경제가 직면한 위험으로 지적하고 있습니다.

향후 15년간 한국이 경쟁에서 뒤처지지 않기 위해서는 연평균 3%대의 경제 성장률을 달성해야 하며, 특히 현 정부는 4%대를 목표로 해야 합니다. 이를 위해 한국 기업은 초기에 외국의 혁신 기업을 빠르게 인수하여 상품을 내놓는 전략을 시행하고 자체적으로 기술 개발을 감행해야 합니다. 또한 정보 기술의 발달과 무한 경쟁으로 인해 내부 인력을 절반으로 축소해야 하는 시점에 이르면 남은 인력들을 새로운 창조 활동에 동원할 수 있어야 합니다. 그런 점에서 정부가 말하는 '창조경제'는 시기적절한 화두임에는 틀림이 없습니다.

경제 활로를 찾아서

그렇다면 성공적인 창조경제를 위해서는 어떤 노력이 필요할까요? 우선 창조적 전략과 기술, 제품 혁신, 사업모델 혁신, 새로운 유통구조, 창조적인 국제화전략 등 기업 활동 전반에 대한 사고의 전환이 필요합니다. 또한 기업가정신을 함양하여 창업과 혁신이 활발하게 이루어지도록 사회 분위기를 조성하고, 아이디어와 자본 그리고 경영 역량이 결합될 수 있는 시스템을 구축해야 합니다. 특히 창업의 활성화가 무엇보다 중요합니다. 창업은 새로운 기술과 혁신적인 아이디어를 바탕으로 하므로 경제의 활력소이자 성장 동력으로 작용합니다.

따라서 창업에 대한 정부 정책은 보다 구체적일 필요가 있습니다. 또한 문화예술, 게임, 인터넷, 모바일 등 엄청난 부가가치를 창출하는 콘텐츠 분야는 창조경제의 새로운 모델이 되어야 합니다.

저자는 우리 정부가 창조경제의 딜레마를 해결하기 위해서는 먼저 다음과 같은 방향을 설정해야 한다고 말합니다. 첫째, 창조경제의 주역은 개인과 기업이므로 정부는 인프라만 제공하는 데 그쳐야 합니다. 창조경제를 오케스트라 연주라고 가정할 때 바이올리니스트의 화려한 개인기는 민간 기업에게 맡기고 정부는 훌륭한 콘서트홀이 되어 기업의 연주가 아름답게 울릴 수 있도록 해야 합니다. 둘째, 경제 민주화를 위한 정책과 창조경제가 충돌할 가능성이 크므로 기업에 대한 감시와 규제를 풀어야 합니다. 셋째, 무조건적인 일자리 창출보다는 효율성을 중시해야 합니다. 넷째, 대기업, 중소기업, 외국기업, 국내기업을 차별하지 말고 기업의 잠재력과 성과를 우선시하는 정책을 선택해야 합니다. 마지막으로 창조경제를 위한 기업 생태계가 조성되고 성과가 나타나는 데는 오랜 시간이 소요되므로 장기적인 관점에서 정책을 시행해야 합니다.

많은 위험에도 불구하고 우리에게는 여전히 기회가 있다는 것이 저자의 최종적인 진단입니다. 따라서 이제부터라도 한국경제를 바로잡기 위한 대대적인 리모델링을 감행해야 합니다. 경제 성장의 새로운 활로를 모색함에 있어 키워드는 역시 경제 불균형을 바로잡는 것입니다. 수출과 내수, 제조업과 서비스업, 대기업과 중소기업의 균형 성장을 위해 정부의 역할이 무엇보다 중요합니다. 한국경제의 주요 성장 동력인 제조업의 경쟁력 강화를 위해서는 첨단화를 통한 고부가가치의 달성 및 부품소재산업의 육성이 핵심이라 할 수 있습니다. 또한 서비스업이 한국경제의 새로운 성장 동력이 되기 위해서는 서비스업과 제조업을 동등하게 대우하는 제도적 보완과 아낌없는 투자가 필요합니다. 향후 아시아 문화의 중심으로 성장할 펀산업과 문화콘텐츠산업의 유통 및 소비채널을 충분히 확보하고 지원을 확대하는 것 역시 중요한 과제입니다.

무엇보다 중요한 경제제도

한국경제의 리모델링을 위한 정부 차원의 과제는 그밖에도 다양합니다. 최근 가장 문제되는 것은 인구 구조의 변화에 따른 노동력 상실입니다. 노동 인구의 증가와 고용률 제고는 30~40대 여성에게 달렸다고 해도 과언이 아닙니다. 한국의 여성 고용률은 일본에 비해 6.8%나 낮고, 특히 30세에 초산을 경험한 여성의 상당수가 직장을 그만두고 있어 27~29세 여성에 비해 고용률이 낮아지는 추세입니다. 여성이 노동시장에 보다 적극적으로 진출하기 위해서는 가부장적인 문화가 개선되어 가사 분담이 이루어지고, 무엇보다 양육에 대한 남성의 책임이 강화되어야 합니다. 또한 직장 내에서는 양성 평등의 문화가 정착되고, 여성의 생애주기를 고려하여 취업, 출산, 양육이 병행될 수 있도록 법제도가 마련되어야 합니다. 또한 여성의 출산율을 높이기 위해서는 공보육의 확대와 함께 긴간 보육시설의 질적 수준이 제고되어야 하며, 필요하다면 아동수당 등의 도입도 고려할 수 있습니다.

그밖에 정년제를 보완하여 청년층의 사회 진출을 앞당기고 고용률을 신장시킴으로써 노동인구의 부족 현상에 대비해야 하며, 비정규직의 기간제 전환을 통해 근로의 유연성을 높이고 그들에 대한 복지 혜택을 확대해야 합니다. 청년 실업 문제를 해결하기 위해서는 대기업과 중소기업 간의 산업 수요 부조화를 해결하고, 대학 교육의 질을 높이면서 동시에 대학의 수를 줄여나가야 합니다. 노인 복지와 관련해서는 노인 빈곤과 생계 부분에 초점을 맞추고 지속 가능한 정책을 수립해야 합니다. 또한 고령화, 민주주의, 사회복지가 상승 작용을 일으켜 재정건전성을 해치지 않도록 재정준칙을 엄격히 수립해야 합니다. 사회복지에 따른 국민 부담이 불가피하므로 조세 감면을 축소하고 새로운 세원도 발굴해야 합니다. 무엇보다 지속가능한 복지를 위해서는 가난한 사람에게 혜택을 더 주는 기본 원칙을 고수해야만 합니다.

저자는 또한 '국제화 4.0'의 기치에 따라 동아시아 지역을 내수시장화할 필요가 있다고 말합니다. 동아시아를 내수시장화하면 경제 성장은 물론이고 대북 정책에도 좋은 효과를 거둘 수 있습니다. 새 정부의 주요 과제인 경제 성장과 사회복지를 함께 달성하려면 인센티브 체계에 대한 인식의 전환도 필요합니다. 이는 열심히 일하는 사람에게 제대로 된 보상이 주어져야 한다는 말입니다. 물론 그로 인해 발생하는 소득 불균형은 조세와 사회복지를 통해 완화할 필요가 있습니다. 그런 점에서 독일과 북유럽 국가들의 노동시장 유연화와 사회복지 제도는 좋은 참고 자료가 될 것입니다.

사실 지금까지의 한국경제는 지정학적 여건에 의존하는 경향이 컸습니다. 이러한 경향은 앞으로도 지속될 것으로 보입니다. 저자는 동아시아의 지정학적 여건이 한국의 발전에 순기능으로 작용하기 위해서는 이 지역에 집단안보체제 및 경제협력체제를 미리 만들어두어야 한다고 조언합니다. 또한 "한국의 향후 15년을 전망하는 데 있어 검은 백조는 북한이다"라고 말할 정도로 북한과의 관계를 중요하게 바라봅니다. 북한의 체제 변화는 필연적이므로 통일의 긍정적인 효과에 주목하고 국민이 통일의 필요성에 공감할 수 있도록 노력해야 합니다. 또한 북한체제의 변화에 대처하기 위해 미국과 중국이 참여하는 역내 집단안보체제의 구축에 있어서도 주도권을 잡아야 한다고 말합니다.

1953년 이후 60년간 한국은 눈부신 성장의 신화를 만들었습니다. 앞서 언급했듯이 향후 15년 동안 우리가 겪게 될 변화와 도전은 지금까지와는 차원이 다른 것이 될 겁니다. 그러나 저자는 어떠한 위험이 닥치더라도 확고한 체제와 리더십이 있다면 다시 한 번 도약할 수 있다는 희망적인 메시지를 우리에게 들려줍니다. 한국의 현실과 미래에 대한 석학의 깊은 고민이 새로운 역사를 써나가는 데 중요한 조언이 될 것이라 믿어 의심치 않습니다.

13. 우리가 나아갈 올바른 생존경쟁

『삶의 정도』
윤석철 | 위즈덤하우스(SERI 추천도서)

이번에는 한국 경영학의 초석을 다진 윤석철 교수의 책을 한 권 소개할까 합니다. 이 책을 처음 읽었을 때 책이 전해주는 깨우침과 정신적인 충만으로 한동안 가슴이 먹먹했던 기억이 있습니다. 책을 읽은 지 상당한 시간이 흘렀는데도 여전히 그 여운이 남아 있는 것 같습니다. 아마도 그가 평생 동안 연구한 이론과 업적이 담겨 있기 때문일 것입니다.

저자는 갈수록 복잡해지는 인간 세계를 살아가기 위해서는 무엇보다 간결함을 추구해야 한다고 강조합니다. 그러면서 '수단매체'와 '목적함수'라는 두 가지 개념을 통해 인생의 가치를 실현하는 방법을 보여주고 있습니다. 가치 있는 삶을 위해 '수단매체'와 '목적함수'가 어떻게 조화를 이루고 활용되는지 살펴보겠습니다.

인간의 일생은 일의 연속이다. 일을 잘하기 위해서는 지식과 지혜가 필요하지만, 현대 경영학의 이론들은 너무 복잡하여 배우기 어렵다. '필요한 것은 빼지 않고 불필요한 것은 넣지 않기' 위해 노력하면서 '수단매체'와 '목적함수'라는 두 개념으로 인간 삶의 정도(正道)를 탐구하여 이 책에 발표한다.

— 서문 중에서

간결화를 위한 도구

우리는 초등학생 때부터 취업에 이르기까지 크고 작은 경쟁 속에서 살아갑니다. 그 과정에서 다른 사람보다 경쟁우위를 차지하기 위해 다양한 학습 요령과 도구 사용법 등을 습득합니다. 이것이 저자가 말하는 삶의 수단매체입니다. 수단매체는 스스로 결정한 '성적 향상'이나 '취업 달성' 등의 목적함수를 달성하기 위한 도구가 됩니다. 저자는 이 두 가지 간결한 개념으로 삶에 필요한 무수한 의사결정이 가능하다고 밝힙니다.

2010년 8월, 칠레 산호세광산이 붕괴되었을 때 예상되는 구출 시점은 크리스마스 즈음이었습니다. 칠레 정부는 '구출 시간의 최소화'를 목적함수로 정했고, 목적함수의 달성을 위한 수단매체로 '드릴 공법'이 아닌 '망치 공법'을 채택했습니다. 그 결과 구출 시간이 두 달

이상 단축되었고 매몰 광부 모두가 구출되었습니다. 구출 과정에서의 비용절감 같은 복잡한 사안을 제거하고, 단순화된 목적함수와 그에 필요한 수단매체라는 이진법 구조를 앞세워 문제를 간결하게 만들어줌으로써 인명 구조에 성공한 것입니다. 이것이 수단매체와 목적함수에 의한 간결화의 위력입니다.

수많은 경쟁 구도 속에서 목적을 달성하기 위해서는 자기 능력의 한계를 확장하는 도구가 필요합니다. 이것이 바로 수단매체입니다. 그러나 수단매체가 아무리 탁월하다 해도 그것을 활용하여 가치를 창조하는 목적함수가 모호하다면 수단매체는 무용지물이 되고 맙니다. 목적함수는 자기 수양과 미래 성찰을 통해 축적된 지적 능력으로써 스스로 정립하는 가치관의 산물입니다. 이렇게 자신만의 목적함수가 정립되었다면 다시 이를 달성하기 위한 수단매체의 부단한 축적이 뒤따라야 합니다.

수단매체

인간의 능력에는 한계가 존재합니다. 오늘날 전 세계 국가는 선진국과 후진국으로 나뉘고, 기업은 우량기업과 부실기업으로 나뉩니다. 부의 양극화 현상 또한 더욱 심화되고 있습니다. 이러한 문제를 해결하기 위해서는 우리 능력의 한계를 극복해 줄 수 있는 수단매체를 개발해야 합니다. 시대와 환경에 따라 자신의 수단매체를 변화시키고 개선해야 하는 겁니다. 그것에 대응하지 못하는 개인이나 조직은 그 변화 속에서 쇠퇴할 수밖에 없습니다. 이것이 우리가 밟아 온 흥망성쇠의 법칙입니다.

수단매체는 크게 물질적 수단매체, 정신적 수단매체, 사회적 수단매체로 나뉩니다. 물질적 수단매체란 우리가 어떠한 일을 할 때 사용하는 도구나 기구들입니다. 어떤 물질적 수단매체를 사용하느냐에 따라 생산성과 목적달성의 결과는 확연히 달라집니다. 정신적 수단매체란 지식이나 지혜를 말합니다. 지식과 지혜는 오랜 교육과 스스로의 경험으로 축적할 수 있는 무형의 산물입니다. 사회적 수단매체란 공동체 속에서 적응하며 원만한 인간관계를 이룸으로써 얻을 수 있는 신뢰와 존경을 뜻합니다. 현대 사회에서 공동체의 지지는 매우 중요합니다. 따라서 사회적 수단매체는 신뢰성과 투명성, 자기희생이라는 중요한 요소들이 결합되어야만 건강한 사회적 수단으로 활용될 수 있습니다.

러시아의 작가 톨스토이는 죽는 날까지 '러시아가 잘 사는 법'을 고민했습니다. 당시 러시아는 극소수의 황족과 귀족들만이 농토를 점유해 많은 농노를 거느리고 있었고, 대다수 농노들은 인간 이하의 비참한 삶을 살았습니다. 톨스토이는 강의와 저술 활동을 통하여 러시아가 후진국에서 탈피하여 산업국가로 발전하려면 귀족들이 농토를 산업용지로 바꿔 농노를 해방시키고 산업 역군이 되게 해야 한다고 주장했습니다. 일부 상류층은 톨스토이의 생각이 옳다고 여겼지만 자신이 소유한 농토를 내놓는 것에는 동의하지 않았습니다. 그러나 톨스토이는 결단을 내리고 자신의 농토를 농노들에게 나눠주고 농노를 해방시켰습니다. 가산을 상실한 톨스토이는 가족들의 반발을 참지 못해 1910년 10월 28일에 가출을 감행합니다. 그러나 이 위대한 사상가는 결국 20여 일 만에 러시아의 서부 간이 기차역 관사에서 객사하고 맙니다.

그로부터 7년 후, 러시아는 사회주의 혁명에 의해 농노들을 해방시킵니다. 그런데 어딘가가 이상합니다. 오늘날 러시아는 산업혁명을 성공시킨 서유럽 국가들만큼 부유하게 살지는 못하고 있습니다. 이유가 무엇일까요? 답은 바로 수단매체에 있습니다. 서유럽의 산업혁명은 산업용 토지, 생산설비, 에너지 등 산업용 수단매체의 수준을 발전시키는 혁명이었습니다. 반면, 러시아의 사회주의 혁명은 그토록 많은 자원을 소유했음에도 불구하고 수단매체의 수준 향상이 뒷받침되지 않았던 것입니다. 수단매체의 주인들만 바꾸는 반쪽짜리 혁명이었던 것이죠. 수단매체의 한계는 인류가 극복해야 할 과제입니다. 삶의 질을 향상시키기 위한 수단매체의 고도화는 영원한 숙제가 될 것입니다. 이것이 환경에 끊임없이 재적응해야 하는 이유입니다.

   톨스토이의 소설 『안나 카레리나』는 "행복한 가정의 모습은 대개 서로 비슷하다. 그러나 불행한 가정의 경우는 그 모습이 각양각색이다"라는 말로 시작합니다. 이 말처럼 불행한 가정을 만드는 요인들은 각양각색입니다. 그러나 행복한 가정은 가족 간의 사랑과 어느 정도의 경제력과 미래의 희망 등을 공통적으로 갖추고 있습니다. 즉 행복의 필수조건을 갖춘 것입니다.

   이처럼 우리의 삶을 풍요롭게 할 수단매체 또한 필수적인 조건이 있어야 그 수준을 고도화시킬 수 있습니다. 그것은 크게 세 가지로 나눌 수 있습니다. 첫째, 무엇이든 자신이 원하는 것을 향해 멈추지 않는 열정이 있어야 합니다. 둘째, 미래에 대해 적극적으로 투자하고 생애를 초월해서 기다릴 줄 알아야 합니다. 셋째, 자연과 사물에 대해 집요하게 탐구하는 자세가 필요합니다. 이 세 가지 조건을 결합한다면 개인적인 행복뿐만 아니라, 국가 경제의 발전에도 큰 도움이 될 것입니다.

목적함수

인간은 삶의 질을 높이고 더 나은 미래를 창조하려는 소망을 가지고 있습니다. 그러므로 성장하면서 일, 배우자, 미래에 대한 꿈을 꿉니다. 여기에 인생을 이끌어 가는 목적함수가 들어 있습니다. 인간의 삶은 목적함수에 따라 그 성패가 좌우됩니다. 기업 또한 마찬가지입니다. 기업의 경영자가 갈등 요인이 있는 여러 개의 목적함수를 갖게 되면 경영을 망치는 일이 발생합니다. 가령, 기업에서 기술 개발이라는 장기적 목표를 달성하기 위해서는 적자라는 단기적 목표를 희생할 수도 있는데, 눈앞의 손익에만 집착한다면 사업 본래의 목적함수가 흔들리고 합리적인 의사결정을 내릴 수가 없게 되는 겁니다.

자연은 가장 경제적인 목적함수를 갖고 있습니다. 그 하나의 현상이 현수선입니다. 현수선이란 밀도가 균일한 끈의 양쪽을 손으로 잡고 늘어뜨릴 때 자연적으로 생성되는 끈의 모양을 말합니다. 이는 자연이 만들어낸 가장 안정적이고 지속 가능한 형태입니다. 에너지 최소화 상태에 도달한 자연물은 가장 경제적인 상태임을 뜻하기 때문입니다. 인간은 이 현수선을 활용하여 현수교를 만들었습니다. 현수교는 신축성이 작고 강력한 빔(beam)으로 만든 현수선에서 다시 수직으로 빔을 내려 교량의 상판을 견인하도록 만든 다리인데, 이것이야말로 가장 경제적인 다리라고 할 수 있을 것입니다.

이러한 맥락에서 자원과 시간을 코스트라는 개념으로 묶어 '코스트 최소화'라는 목적함수를 만들 수 있습니다. 코스트 최소화는 인간이 추구해야 할 가장 중요한 목적함수 중 하나입니다. 이 목적함수는 자연의 섭리에 순응하는 길이기도 합니다. 코스트 최소화 목적함수와 더불어 또 다른 중요한 목적함수는 '이익 최대화' 목적함수입니다. 이익 최대화 목적함수는 경제 발전의 원동력이 되기도 합니다.

그러나 이익 최대화 목적함수를 단기최적이라는 관점에서 접근하면 상대적인 무능력자를 퇴출시키는 고용축소의 요인이 되기도 합니다. 인간의 욕망은 무한합니다. 그 욕망이 이익 최대화 목적함수로 나타나면서 많은 부조리와 사회악이 일어나고 있습니다. 따라서 이제는 이익 최대화 목적함수를 대체할 수 있는 새로운 패러다임이 요구됩니다. 우리는 이 부분에서 훌륭한 가치를 창출할 목적함수와 그에 가장 적합한 수단매체를 선택하는 것이 최적의 성공을 부르는 비결임을 명심해야 합니다.

생존부등식

모든 생명체에게 생존 경쟁은 필연입니다. 자연생태계는 먹고 먹히는 약육강식의 원리로 유지되고 있습니다. 그러나 인간의 삶은 자연의 생태계와는 달라야 합니다. '주고받음'이라는 관계를 창조하여 생존방식을 진화시켜야 하는 겁니다. 단기최적이 아닌 장기최적의 관점으로 접근함으로써 인간이 공존할 수 있는 패러다임으로 전환해야 하는 것입니다. 그럼 이제 저자가 이익 최대화 목적함수의 대안으로 제시한 '생존부등식'에 대해 살펴보겠습니다.

인간은 일상에 필요한 제품과 서비스의 '주고받음'을 제도화하여 다양한 형태의 시장을 만들었습니다. 이 시장에서는 모든 제품이 '가치', '가격', '원가'라는 요소로 구성되어 있습니다. 생존부등식은 여기에서 등장합니다. 특정 제품에 대해 느끼는 가치는 그 제품의 가격보다 커야 하고, 가격은 공급자가 소요한 원가보다 커야 한다는 것입니다(가치〉가격〉원가). 만일 어느 기업의 제품이 이 부등식을 만족한다면 그 기업은 시장에서 '주고받음의 관계'를 창조하는 것에 성공한 셈입니다. 이렇게 생존부등식을 만족시키는 기업은 지속적인 성공이 가능하며 사회에서 존경받는 기업이 될 수 있습니다.

1920년대 초, 포드자동차는 부품 표준화, 작업 세분화, 전문화 개념을 도입하여 대량 생산이라는 획기적인 방식으로 가격을 인하하고 그 결과, 시장점유율 51%를 자랑하며 '자동차왕'에 등극하게 됩니다. 그런데 1920년대 후반부터 소득 수준이 향상된 소비자들이 단조로운 형태의 자동차에 싫증을 느끼고 다양한 형태의 자동차를 선호하기 시작합니다. 이런 변화를 포착한 GM자동차는 '고객의 지갑과 선호를 맞춘 차를 개발한다'는 슬로건으로 '고객 세분화' 전략을 펼치며 다양한 모델로 시장을 석권하게 됩니다. 그리하여 1927년, 포드자동차는 기존 제품을 원가 이하의 가격으로 팔았음에도 결국 GM에게 1등의 자리를 내주고 맙니다. 이러한 결과는 포드자동차가 생존부등식을 이해하지 못했기 때문입니다.

이러한 생존부등식을 잘 이해한 한국의 라면회사가 있습니다. 1974년, 한국은 계속되는 연구를 통해 통일벼를 개발하고 쌀 자급을 달성하며 이윽고 쌀이 남아도는 시대를 맞이합니다. 이에 따라 당시 시장점유율 30% 정도였던 N사는 쌀밥보다 더 맛이 좋은 라면을 만들기에 도전합니다. N사는 라면의 맛은 수프에 있다고 판단하고 모든 제조 공정에 대한 검토와 반성에 들어갑니다. 그리하여 자체 정보 수집과 R&D를 통해서 열탕분해법 대신 효소분해법을 도입하고, 열풍건조법 대신 진공건조법을 도입하여 새로운 맛의 수프를 개발하게 됩니다. 이는 한국 라면의 역사를 바꾸어 놓는 계기가 되었습니다. 최초의 라면 기술은 중국을 거쳐 일본을 통해 1963년 한국에 도입되었지만, 지금은 중국이나 일본의 라면이 한국의 라면에 경쟁조차 할 수 없게 되었습니다. 생존부등식을 만족시킴으로써 얻어낸 성과라고 할 수 있습니다.

이 생존부등식의 개념을 좀 더 살펴보면 노자의 가르침과 일맥상통함을 발견할 수 있습니다. 노자의 가르침 중에 "그릇이 차면 더 이상 그릇 노릇을 못한다"라는 말이 있습니다. 그릇에 더 채울 수 있는 여유를 '허(虛)'라 부릅니다. 이러한 '허'를 채우고 싶어 하는 인간의 충동을 '욕심'이라 부르고, '허'를 유지하려는 인간의 노력을 '겸허'라고 부릅니다. 그런데 대부분의 사람은 욕심이 겸허에 비해 강하기 때문에 계속 허를 채우려고만 합니다.

로렌스 피터 박사는 이런 상황을 풍자하여 다음과 같이 말합니다. "위계조직 사회에서 일하는 사람들은 무능의 수준까지 승진하게 된다." 이 말은 조직의 상층부가 대부분 허를 채우려고 남은 무능한 사람들이며 그런 사람들로 포진된 조직은 경쟁력을 잃게 된다는 뜻입니다. 이것은 노자의 '허' 사상과 일맥상통하며 생존부등식과도 그 맥을 같이 합니다. 이익 최대화 목적함수의 경영은 '허를 없애는 (욕심) 경영'이며, 생존부등식을 추구하는 경영은 가치에서 가격을 뺀 만큼의 '허를 유지하는 (겸허) 경영'임을 명심해야 합니다.

이러한 생존부등식은 기업과 조직, 그리고 개인의 삶에 이르기까지 인생의 보편타당한 진리로 성립될 수 있습니다. 고객은 기업의 제품 가치가 가격보다 높아야 구매할 것이고, 기업은 노동자에게 지불되는 비용보다 많은 이익을 남겨야 지속적인 고용이 가능할 것입니다. 결혼도 마찬가지입니다. 결혼 생활이 요구하는 희생보다 서로 함께 지내면서 얻어지는 가치가 더 커야만 행복한 결혼 생활이 유지될 수 있는 것입니다.

　마지막으로 생존부등식을 만족시키는 우리 인생의 수단매체를 짚어 보겠습니다. 인간의 사회적 관계는 주고받음이 기본 원리임은 명백한 사실입니다. 그런데 중요한 것은 서로가 원하는 것을 주고받아야 한다는 점입니다. 그래야만 서로에게 필요한 존재가 되는 것입니다. 그러기 위해서는 상대방에게 관심을 기울여 관찰하고 거기에 맞게 조율된 것을 주어야 합니다. 그것이 바로 사랑입니다. 이러한 사랑의 방식은 생존부등식의 원리와 일치한다 할 수 있습니다.

감수성, 상상력, 탐색시행

저자는 자유경제체제에 적합한 삶의 방식으로 생존부등식을 제시했는데, 이를 만족시키기 위해서는 몇 가지 요소가 더 필요합니다. 가령, 고객이 원하는 것을 알려면 고객의 마음속에 있는 필요와 아픔을 읽을 줄 알아야 합니다. 이것을 알아내는 능력이 '감수성'입니다. 이는 고객이 제품에서 느끼는 가치와 만족감을 읽어내는 힘입니다. 고객의 마음속에 잠재해 있는 필요와 아픔의 정서를 읽어내서 제품과 서비스에 반영하는 적극적인 감수성이 필요한 시대입니다. 이러한 감수성을 키우기 위해서는 오만에서 벗어나 겸허해져야 합니다. 그리고 실제 대상과 접촉해야만 합니다. 경영자의 감수성은 고객이 존재하는 현장에 나가 직접 고객과 접촉하는 데서 길러질 수 있습니다.

감수성으로 고객의 마음을 읽었다면 새로운 제품과 서비스를 생각해야 합니다. 이것이 새로운 것을 창조하기 위한 '상상력'입니다. 단, 이것은 어디까지나 고객의 필요를 충족시키기 위한 실용적인 상상력이어야 합니다. 그런데 이렇게 도출된 상상력을 검토하기 위해서는 '탐색시행'을 거쳐야 합니다. 상상해낸 것이 현실에 적합한지, 실현 가능한지 탐색시행을 통해 검증하는 것입니다. 이렇게 생존부등식을 만족시키기 위해서는 타인의 아픔과 정서를 읽어내는 감수성과 자유로운 상상력과 탐색시행이라는 세 가지 요소가 필요합니다.

아무리 세상이 변해도 뿌린 만큼 거둬들인다는 자연의 순리에는 변함이 없습니다. 어제 뿌린 씨앗이 오늘의 수확이 되어 오늘을 살아가게 하며, 내일의 결실은 지금 뿌리는 씨앗이 주는 대답입니다. 그런 의미에서 내일을 위한 '목적함수'를 정립하고, 이를 달성하기 위한 적합한 '수단매체'를 축적하자는 저자의 말에 귀 기울일 필요가 있습니다. 생존부등식이라는 원리로 타인과 인간다운 경쟁을 하며 공존하자는 그의 조언은 적극적으로 받아들여야 할 가치이자, 우리가 가야 할 삶의 정도(正道)라 할 것입니다.

14. 미래를 창조하는 위대한 통찰

『드러커 100년의 철학』
피터 드러커 | 청림출판(SERI 추천도서)

현대 경영학의 아버지라 불리는 피터 드러커는 경영과 삶에 관한 주옥같은 철학을 남겼습니다. 『드러커 100년의 철학』은 서른 권이 넘는 그의 저작 중에서 핵심적인 내용만을 엄선하여 총 4부로 정리하고 있습니다. 1부에서는 지식 사회의 주역인 개인의 일과 삶에 대한 철학을, 2부에서는 경영의 기본 원리와 철학을, 3부에서는 변화와 혁신의 원리라 할 수 있는 변혁의 철학을, 그리고 마지막 4부에서는 주목할 만한 역사적 흐름을 중심으로 역사의 철학을 다루고 있습니다. 여기에서 그 내용을 간략하게나마 소개할까 합니다.

일의 철학

사람에 따라 차이는 있겠지만 대부분의 사람들에게 일은 무언가를 성

기존의 것은 낡게 마련이다. 모든 의사결정과 행동은 그것이 실행되는 순간부터 낡은 것이 된다. 따라서 통상적인 상태로 돌리려고 하는 것은 부질없는 일이다. 통상이라는 것은 어제의 현실을 반영한 것에 지나지 않는다. ─본문 중에서

취하고자 하는 욕구와 결부됩니다. 무언가를 성취하기 위해서 가장 먼저 고려되어야 하는 것은 자신의 능력과 강점을 정확히 아는 것입니다. 그래야만 서툰 일에 시간을 낭비하지 않고 자신의 강점을 발휘할 수 있는 분야에 집중할 수 있으니까요. 피터 드러커는 그러한 작은 차이가 평범한 사람으로 남을 것인지, 유능한 인재가 될 것인지를 결정하는 첫 단추가 된다고 말합니다.

다음으로 중요한 것은 시간 관리입니다. 시간은 모든 사람에게 공평하게 주어지는 거의 유일한 자원입니다. 피터 드러커는 오래전부터 시간의 경제를 익히지 않은 사람은 몰락할 수 있다고 경고했습니다. 시간을 활용하는 패턴을 살펴보면 그가 어떤 활동을 어느 정도로 중요하게 여기는지를 판단할 수 있습니다. 모든 일을 다 처리하기에는 주어진 시간이 부족하기 때문입니다. 즉 일의 우선순위를 정하는

문제는 주력 분야를 선택하는 것만큼이나 중요합니다.

또한 성공의 열쇠는 성장의 필요성을 인식하는 데 있으며, 성장은 자신이 맡은 일에 책임을 지는 사람을 따라다닌다고 합니다. 기원전 440년경, 그리스의 조각가 페이디아스는 파르테논 신전의 지붕을 장식하기 위한 조각상을 완성했습니다. 그러나 아테네의 재무관은 그가 청구한 작품료 지불을 거절하면서 "지붕 위에 있는 조각상은 전면 밖에 볼 수 없다. 보이지 않는 뒷부분까지 조각하고 전체 비용을 청구하는 것은 말이 안 된다"라고 말했습니다. 이에 페이디아스는 "그렇지 않다. 신들이 보고 있다"라고 대답했습니다. 보이지 않는 곳에서까지 자신의 책임을 다한 그의 태도는 우리에게도 많은 귀감이 됩니다.

현대인들은 자신이 수행한 업무가 어떠한 공헌으로 연결되는지를 중요하게 여기는데요, 만약 성과가 공헌으로 연결될 수 없다면 일을 잘하기 위한 동기부여는 그만큼 줄어들고 말 겁니다. 그러므로 개인과 조직은 구체적이고 장기적인 계획을 세워서 업무가 실질적인 공헌으로 이어지도록 실행해야 합니다. 또 제대로 실행하기 위해서는 조직 구성원 간에 커뮤니케이션이 원활해야 합니다. 그렇지 않으면 괜한 오해와 분란에 시달리고 일을 지연시킬 수 있습니다. 그런 의미에서 "목수와 말할 때는 목수의 말을 사용하라"는 소크라테스의 조언은 의미심장하게 들립니다.

일에 관한 피터 드러커의 마지막 조언은 '제2의 직업'을 가지라는 것입니다. 이미 세계는 글로벌 고령화시대에 직면하고 있습니다. 고령화에 따른 인구 변동은 사회 전 분야에 새로운 트렌드를 가져왔습니다. 지난 대선에서 신(新)중년 유권자의 왕성한 참여가 지지율과 투

표율로 나타난 것도 비슷한 맥락입니다. 인구 전문가인 클린트 로런트는 전 세계 인구 동향을 분석한 자신의 저서 『내일의 세계』에서 향후 20년을 주도할 연령대는 64세 이상이 될 것이라고 쓰고 있습니다. 60대 이후의 삶이 더 이상 인생의 황혼기로만 남아서는 안 된다는 말입니다. 피터 드러커는 그보다 훨씬 앞선 1980년에 『혼란기의 경영』이란 책을 통해 인구 고령화와 수명 연장으로 제2의 직업이 필요해진다고 주장한 바 있습니다. 인구 구조의 거대한 변화를 목격한 그는 은퇴한 고령자들이 사회적 짐이 되면서 젊은 세대의 분노와 저항을 야기할 수 있다고 예견했습니다.

오늘날 대부분의 선진국은 고령자와 일하는 사람의 비율을 1대 3 정도로 유지하는 것을 목표로 삼고 있습니다. 고령 사회에서 그 비율을 유지하기 위해서는 은퇴한 뒤에도 제2의 직업을 갖는 사람의 수가 비약적으로 늘어야만 합니다. 전문가들은 본업을 유지하면서 환경이 전혀 다른 분야에 도전해보라고 권유합니다. 인간 수명의 비약적인 연장으로 인류는 이제껏 한 번도 경험하지 못한 시대 앞에 와 있습니다. '인생은 육십부터'라는 표어가 현실이 된 겁니다. 제2의 직업은 제2의 인생을 살기 위한 필수적인 선택이라는 점을 명심해야 합니다.

경영의 철학

경영의 철학은 피터 드러커의 사상과 업적이 가장 돋보이는 분야입니다. 우리의 사업은 무엇인가? 우리의 고객은 누구인가? 고객들은 무엇을 가치 있게 생각하는가? 그는 이 세 가지가 기업 목표 달성에 가장 중요한 요소라고 보았습니다. 그는 경영이란 일을 옳게 만드는 것이며, 리더십이란 옳은 일을 하는 것이라고 믿었습니다. 또한 사업의 유일한 목적은 고객의 창조라고 선언했으며, 고객 만족이야말로 기업 최대의 사명이라고 보았습니다.

현대 기업은 예측이 불가능한 초경쟁 시대를 건너고 있습니다. 그럴수록 불변의 원칙과 기본을 확인하는 것이 무엇보다 중요합니다. 매니지먼트의 역할은 조직이 변화에 빠르게 적응하고 새로운 기회를 포착해서 성장하도록 만드는 것입니다. 명확한 목표와 사명을 세우고 성과를 달성할 수 있도록 전 과정을 관리하는 것이죠. 피터 드러커는 조직을 오케스트라에 비유하면서 경영이야말로 250명의 단원 전체가 같은 악보를 보고 연주하는 것과 같다고 말했습니다.

영원할 것만 같았던 위대한 기업이 한순간에 몰락하는 것을 어렵지 않게 보곤 합니다. 순조롭게 성장하던 대기업이 갑자기 위기에 직면하는 것은 사업의 정의가 현실과 부합하지 않기 때문입니다. 유효한 사업이 되기 위해서는 경영 환경과 기업의 사명 및 강점이 현실과 일치해야 합니다. 환경이 바뀌면 그것에 맞게 조직구성원의 행동을 바꾸고 사업을 새롭게 정의해야 합니다. 또한 그에 따른 핵심 역량을 구축해야 합니다. 기존의 정의가 낡은 것이 되지는 않았는지 항상 감시하고, 기존 사업의 정의를 뛰어넘어야 두 배, 세 배로 성장할 수 있습니다. 성장을 멈춘 기업은 이미 사멸의 길로 들어선 것입니다.

그밖에도 피터 드러커는 경영 전반에 관한 놀라운 통찰력을 보여줍니다. 기업의 사회적 책임에 대한 생각도 그중 하나입니다. 이제 기업 경영은 공공의 이익을 외면해서는 유지될 수 없게 되었습니다. 공익에 대한 배려는 지속 가능한 경영의 전제 조건이기도 합니다. 사회적 책임을 다하고 공익과 사익의 조화를 실현해야만 오랫동안 존속할 수 있습니다. 피터 드러커는 경영에 있어 전략은 총이나 칼과 같은 역할을 한다고 말합니다. 실현 가능한 전략이 되기 위해서는 외부 환경에서 포착한 기회와 기업의 강점을 잘 부합시켜야 합니다. 또한 마케팅은 판매를 비롯한 사업 전반을 아우르는 활동이 되어야 하며, 새로운 부를 창조하는 기회를 만들기 위해서는 끊임없이 혁신을 시도해야 합니다.

변혁의 철학

이 부분에서는 변화를 관리하기 위한 피터 드러커의 사상이 중점적으로 나타납니다. 그는 "변화를 관리하는 최선의 방법은 스스로 변화를 만들어내는 것"이라고 말했습니다. 이 말은 평상시에 변화를 실행하라는 말과도 일맥상통합니다. 그는 또한 『21세기 지식경영』이라는 책에서 "이미 한 가지는 확실해졌다. 그것은 우리가 근본적인 변화가 계속되는 시대에 들어섰다는 사실이다"라고 하면서 변화와 혁신이 기업 생존을 위해 가장 중요한 해법임을 강조했습니다.

그러나 혁신의 기회를 포착하기란 말처럼 쉬운 일이 아닙니다. 혁신을 수행하기 위해서는 산업 구조와 시장의 변화를 끊임없이 탐색하는 것은 물론이고 인구 구조나 가치관의 변화, 새로운 지식의 출현에도 주목해야 합니다. 피터 드러커는 비즈니스, 교육, 의료 등에 종사하는 대부분의 기업들이 30년 후에는 살아남지 못할 것이라고 단언했습니다. 그만큼 경영 환경이 급격하게 변화하고 있으며, 그 변화 속에서 살아남기 위해서라도 기업은 혁신을 시도해야 합니다.

미래를 예측할 수 없다면 스스로 미래를 설계하는 방법도 있습니다. 이미 도래한 미래를 남보다 먼저 발견하고 그 영향을 예측함으로써 새로운 인식을 얻을 수 있습니다. 혁신적인 기업가는 기존의 질서를 창조적으로 파괴하는 사람입니다. 창조적 파괴는 기존에 존재하지 않던 기회와 숨어 있는 시장을 개척하여 새로운 부를 창출하는 힘이 됩니다.

역사의 철학

마지막으로 다룰 주제는 역사의 철학입니다. 피터 드러커는 역사를 통해 현재를 이해하는 안목을 기르고 미래를 내다볼 수 있다고 믿었습니다. 실제로 그는 사회를 이해하기 위해 역사 공부를 했다고 합니다. 그리하여 그는 역사의 경계마다 새로운 현실이 시작된다는 사실을 발견했습니다. 인류 역사를 자세히 들여다보면 수백 년에 한 번씩 커다란 전환이 이루어져 왔음을 알 수 있는데요, 그 전환의 시기에 우리는 새로운 시대를 맞이하기 위한 준비를 해야 합니다.

앞으로 우리가 맞이할 새로운 시대에서는 지식이 가장 중요한 자원이 될 것입니다. 이미 우리 사회는 지식의 중요성에 대한 근본적인 인식의 변화를 겪었습니다. 이제 지식은 토지, 자본, 노동을 능가하는 가장 중요한 생산 요소가 되었습니다. 현대의 지식은 기존의 지식을 어떻게 이용해서 최대한의 성과를 얻을 것인지를 알기 위해 적용됩니다. 이와 같은 지식 사회에서 최대의 투자처는 지식 노동자가 소유하고 있는 지식, 그 자체입니다.

피터 드러커는 지식 사회에는 네 가지의 중요한 특징이 있다고 말했습니다. 첫째, 지식은 자본보다 쉽게 이동하는 특성을 갖기 때문에 지식 사회는 아무런 경계가 없는 사회입니다. 둘째, 모든 사람에게 교육의 기회가 주어짐으로써 계층 간의 이동이 활발하게 이루어집니다. 셋째, 모든 이들이 생산 수단으로써의 크고 작은 지식을 갖게 되면서 성공의 가능성만큼 실패의 위험 또한 커지게 됩니다. 넷째, 지식의 생산성은 조직 속에서 성과로 나타나므로 지식 사회는 곧 조직 사회이기도 합니다.

21세기 기업의 최대 과제는 지식노동자의 생산성을 높이는 일입니다. 비영리단체는 그것을 어떻게 실현할 수 있는지를 잘 보여주는 사례입니다. 그들은 조직의 사명을 분명히 하고 인재를 적재적소에 배치하며, 목표에 의한 관리를 실행하고 그에 합당한 과제와 책임을 부여합니다. 또한 비영리단체는 날로 증가하는 사회 문제에 대응하는 새로운 방법을 제시하기도 합니다. 그들은 시민성의 회복이라는 중차대한 임무를 맡고 있습니다. 그런 이유로 사회 문제를 보다 원활히 해결하기 위해서는 비영리단체의 생산성을 세 배로 늘리고 그들에 대한 기부를 두 배로 늘려야 한다는 주장도 나옵니다. 그들의 폭발적인 성장은 도시사회에 새로운 공동체 환경을 가져다 줄 것이 분명합니다.

피터 드러커는 또한 정부의 역할을 강조했습니다. 지난 50년간 정부 조직이 걸어온 관료제의 길은 이제 더 이상 유효하지 않습니다. 그는 정부 역시 기업과 마찬가지로 성과를 올리기 위한 실행 능력을 회복해야 한다고 주장합니다. 정부는 산업 시장의 수요에 부응함과 동시에 환경 보호라는 목표도 달성해야 합니다. 사회와 시민을 위해 공헌하는 효과적인 정부야말로 미래 사회의 주역인 것입니다.

역사 철학이 다루고 있는 마지막 주제는 인구변화입니다. 앞으로

20년이 지나면 조직 구성원의 절반 이상이 고령자가 되면서 어떠한 고용관계에도 속하지 않게 될 것입니다. 우리 사회는 이들을 관리하는 문제에 대해 깊이 고민할 필요가 있습니다. 고령화와 저출산은 일종의 상승작용을 일으켜 생산 인구의 급격한 감소를 초래할 것입니다. 이것은 환경오염과 함께 인류가 당면한 최대의 위기임에 틀림이 없습니다.

피터 드러커는 스스로를 '사회생태학자'라고 규정했는데, 이는 '보기 위해 태어나서 관찰자의 역할을 명받은 자'를 말합니다. 즉 모든 사회 현상을 관찰하고 미래를 예견하는 것을 자신의 사명으로 삼았던 것입니다. 100년의 시간을 관통하는 그의 철학은 여러분의 현실을 직시하고 성장의 발판을 마련하는 데 좋은 무기가 될 것입니다.

15. 남다른 결과를 만드는 비결

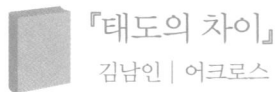

『태도의 차이』
김남인 | 어크로스

비슷한 능력과 조건을 가졌음에도 유독 남다른 결과를 만들어내는 사람들이 있습니다. 그들은 어떻게 그럴 수 있었던 걸까요? 이번에 소개해드릴 책이 그 실마리를 제공해 줄지도 모르겠습니다. 저자는 기사를 쓰기 위해 전 세계를 돌며 학자, 예술가, 경영인 등 다양한 분야의 리더들을 인터뷰했다고 합니다. 그들의 인생 스토리에는 한 가지 공통점이 있었다고 하는데요, 그것은 바로 '태도의 차이'였다고 합니다. 이 책은 1%의 작은 차이로 99%의 큰 결과를 만든 사람들의 이야기입니다.

첫 번째 이야기는 70세가 넘은 나이에도 '미국 무용계의 여왕'이라는 찬사를 받고 있는 트와일라 타프의 이야기입니다.

"당신이 정상에 오른 비결은 무엇인가요?" 저자의 물음에 그녀는 "새벽 다섯 시 반, 택시의 문을 여는 순간"이라고 답했습니다. 그녀

타프가 50년간 하루도 거르지 않고 해온 일, 그녀의 몸에 발동을 걸어 영혼을 깨어나게 하는 의식, 평생 수만 시간의 연습을 통해 그녀를 세계적 스타로 만든 기적과 같은 순간. 아침 5시 반에 택시를 타는 그 순간은 연습을 게을리할 온갖 변명과 이유로부터 그녀를 탈출시키는 마법의 순간이었다.

— 본문 중에서

는 공연을 위해 세계 각지를 다니면서도 새벽 다섯 시 반이면 늘 연습실로 향했습니다. 마치 의식과도 같은 그녀의 습관은 창조의 열쇠가 되었습니다. 그녀는 자신의 창조성은 선천적인 게 아니라 습관적으로 반복해온 노력으로부터 생겨난 것이라고 말합니다. "제 작품이 성공할 확률은 기껏해야 여섯 개 중 하나에 불과하다고 생각해요. 그래서 최종 작품을 완성할 때까지 여섯 개의 작품을 만들어요."

그녀는 또한 성공에 대한 아주 단순한 비밀을 우리에게 들려줍니다. "바르게 살아라. 함께 살아라. 나누며 살아라. 서로 이롭게 하며 살아라. 힘들 때는 서로 안아줘라. 실패도 좌절도 승리도 함께 나누고 기뻐하라. 그게 삶이다. 창조적 에너지는 그런 삶에서 나온다."

두 번째는 월가의 살아 있는 전설로 불리는 펠릭스 로하틴의 이야기입니다.

로하틴 회장과의 인터뷰가 예정된 날, 저자는 회장의 비서로부터 인터뷰를 할 수 없을 것 같다는 연락을 받았습니다. 정치적으로 민감한 사안이 포함된 것이 이유였습니다. 당시 미국은 사상 최악의 경기침체를 겪는 중이었고, 월가의 도덕적 해이와 탐욕을 비난하는 여론이 들끓고 있었습니다. 거의 모든 언론사는 반세기 동안 월가에서 활약한 로하틴에게 지금의 위기를 있게 한 원인이 무엇인지를 듣고자 했습니다.

절박하게 매달린 끝에 저자는 일단 인터뷰 허락을 받아냈고, 노련한 인터뷰어답게 다른 질문을 던져서 충분히 대화한 후 말미에 핵심을 물었습니다. 월가의 위기에 대한 로하틴의 진단은 뜻밖에도 '사람의 부재'였습니다. "많은 사람들이 하루 종일 컴퓨터 앞에 앉아 마우스를 클릭하는 것만으로 엄청난 액수의 돈거래를 한다. 언젠가부터 미국의 금융자본주의에는 사람이 빠지게 되었다. 미국 사회는 그 비용을 치르고 있는 중이다." 그는 월가의 총체적 난국을 탈피할 근본적인 대책 역시 사람이라고 보았습니다.

전통의 투자은행 라자드가 80세가 넘은 로하틴에게 회장직을 요청한 것도 그의 거대한 '인맥 창고' 때문이었습니다. 반세기가 넘는 세월 동안 월가와 정·재계 인사들을 만나면서 쌓아온 신뢰 관계는 돈으로도 살 수 없는 것이었습니다. 그의 엄청난 인맥은 사람의 호의를 가볍게 넘기지 않고 반드시 직접 찾아가 진심으로 보답한다는 간단한 원칙에서 비롯되었습니다. 사람과 사람의 관계는 언제나 쌍방으로 흐른다는 중요한 원칙을 지켜냈던 것입니다.

로하틴은 이렇게 당부합니다. "기회는 인터넷 클릭이나 전화 통화나 이메일 같은 것으로는 얻을 수 없지요. 오랜 시간 사람들과 맺은 관계와 신뢰로부터 진짜 기회가 옵니다. 성공하고 싶다면 컴퓨터 앞에서 일어나 사람을 만나세요."

세 번째 주인공은 절망적인 상황을 역전시킨 존 헌츠먼 회장입니다.

그는 가난한 농가에서 태어나 맨손으로 '헌츠건 코퍼레이션'을 창업해 《포춘》지 선정 세계 500대 기업으로 키워낸 거물입니다. 그의 사무실에는 다음과 같은 글귀가 걸려 있다고 합니다.

"어려움이라는 건 역사가 결코 인정하지 않는 변명이다."

성공한 기업가로 승승장구하던 헌츠먼은 갑작스럽게 암 선고를 받습니다. 자신이 의도치 않게 죄를 지어 암에 걸렸다고 믿은 그는 속죄의 심정으로 노숙인 쉼터, 무료 급식소, 자신을 진료한 병원 등에 250만 달러를 기부했습니다. 그는 절망적인 상황에서도 암을 정복하겠다는 새로운 목표를 세웠고, 그 목표를 이루기 위해 헌츠먼 암센터를 열어 우리 돈으로 1조 원이 넘는 거액을 기부했습니다. 전 세계에서 몰려든 10만여 명의 환자들이 그곳에서 치료를 받았으며, 미국의 경제 주간지 《포브스》는 헌츠먼을 '세계 기부 순위 16위'로 발표하기에 이르렀습니다.

헌츠먼이 기부의 약속을 실천하는 동안 총 세 번의 암이 그를 덮쳤습니다. 그는 열한 번이나 수술대에 올랐지만 끝내 살아남았습니다. 계속되는 엄청난 액수의 기부로 그의 재산이 줄어가자 사람들은 그걸 지켜보는 심정이 어떠냐고 물었습니다. "죽을 때 가져갈 것도 아닌데요. 죽을 고비를 여러 번 넘긴 내게 돈을 쌓아 놓는 일은 별 의미가 없더군요." 그는 또 이렇게도 말했습니다. "세상의 부가 너무 한쪽으로 쏠려 있다. 억만장자들은 절반이 아니라 최소 80%는 다시 내놓아야 한다."

이러한 헌츠먼 회장을 두고 심리학자들은 회복탄력성이 높은 사람이라고 평가합니다. 역경을 성장의 발판으로 삼는 사람이라는 겁니다. 또 회복탄력성이 높은 사람은 낙관론자인 경우가 많습니다. 그러나 근거 없는 낙관론은 오히려 재앙이 될 수 있으므로 냉철하게 현실 감각을 유지할 필요도 있습니다. 헌츠먼도 창업 이후 끊임없이 부도 위기를 맞았지만, 그때마다 냉철한 현실 감각으로 위기를 돌파했고 회사를 지켜냈습니다.

미국의 유명 방송인인 래리 킹은 헌츠먼 회장을 '특이한 사람'이라고 묘사했습니다. 그는 이렇게 말합니다. "평소에는 완벽한 젠틀맨이지만 위기가 오면 전사로 돌변하고, 출장을 다닐 때는 몇 센트까지 비용을 따지는 짠돌이지만 1조 원이 넘는 돈을 기부하는 남자다. 탐욕과 불법이 판치는 비즈니스 세계에서 '양심, 신뢰, 자비'의 원칙으로 성공한 희귀종이기도 하다."

'공정하라. 속이지 마라. 예의를 지켜라. 진실만을 말하라. 공평히 나눠라. 약속을 지켜라.' 헌츠먼 회장은 이 여섯 가지 원칙을 지키며 살았다고 합니다. 그를 성공으로 이끈 것이 어릴 적 우리 모두가 놀이터에서 배웠던 단순한 진리라는 사실은 우리를 놀랍게 합니다.

마지막으로 토종 햄버거의 기적을 일으킨 '모스버거' 이야기를 소개하고자 합니다.

2012년 4월, 일본 수제 햄버거 체인인 모스버거 매장이 강남에 문을 열었습니다. 주변에는 버거킹, 맥도날드 등 이미 상권을 장악한 저가 패스트푸드 매장이 즐비했습니다. 1978년 9월, 일본 도쿄의 나리마스 역 주변에서도 이와 비슷한 풍경이 연출되었습니다. 그날은 거대 패스트푸드 체인인 맥도날드가 80평 규모의 매장을 오픈한 날입니다. 당시 모스버거는 일본인의 입맛에 딱 맞는 간장 맛 소스가 들어간 햄버거를 개발해 창업 6년 만에 88곳의 가맹점과 6곳의 직영점을 운영하는 체인이 되었습니다. 그런데 빠르게 성장하던 모스버거 앞에 맥도날드가 등장한 것입니다.

일본 언론도 맥도날드와 모스버거의 대결에 주목했습니다. 8.7평의 작은 매장. 모스버거의 규모는 맥도날드에 비하면 구멍가게 수준에 불과했습니다. "사람들이 과연 우리 가게에 올까?" 직원들은 불안하게 중얼거렸습니다. 하지만 모두의 예상과 달리 결과는 모스버거의 승리였습니다. 모스버거는 이날 하루에만 23만 7000엔의 매출을 기록했는데, 이는 평일 평균치인 16만 5000엔을 훨씬 웃도는 것으로 개장 이후 최고 수준이었습니다. 승리의 이유는 단 한 가지였습니다. 모스버거의 맛을 잊지 못한 손님들이 다시 찾아온 것입니다. 이후 모스버거는 연 매출 천억 엔을 올리는 기업으로 성장했습니다. 8평의 구멍가게가 80평의 공룡 기업을 이기고 일본의 대표 햄버거 체인이 된 것입니다.

모스버거의 성공은 햄버거가 패스트푸드라는 편견을 깬 것으로부터 출발합니다. 그들은 주문이 들어왔을 때 만들기 시작해서, 만드는 데 7분 정도의 시간이 걸린다고 합니다. 식재로는 전부 국산이고 가능하면 유기농 재료만을 사용합니다.

또한 모두가 미국식 햄버거를 따라할 때 모스버거는 고유의 맛을 고집했습니다. "우리는 경쟁사와 경쟁하지 않습니다. 그보다는 손님에게 최고의 제품을 제공하기 위해 노력합니다. 우리는 우리 식의 '역행'을 계속할 겁니다." 모두가 가는 길로 가면 경쟁자들과의 싸움에서 이기는 것만이 목표가 됩니다. 그러나 거꾸로 가면 결국 나의 최선과 고객, 이 둘만이 남을 뿐입니다. 모스버거의 성공은 오로지 고객만을 생각한 고집이 낳은 결과입니다.

프랑스의 문호 에밀 졸라가 친한 기자에게 보낸 편지에는 평화로우면서도 규칙적인 그의 일상이 잘 표현되어 있습니다. "아침 7시쯤 일어나면 우선 따뜻한 물에 몸을 담그지. 머릿속을 선명하게 하는 데 목욕만한 것이 없다네. 아침 식사를 하고 강변을 15분 정도 산책한 다음 책상에 앉지. 오전 9시부터 오후 1시까지는 글을 쓴다네. 1시간도 더하지도 덜하지도 않고 말이지." 졸라는 하루 네 시간 동안 다섯 페이지의 글을 썼습니다. 그리고 이것을 평생 지켰습니다. 많은 양은 아니지만 하루도 거르지 않았기에 무시할 수 없는 양이 되었습니다. 그의 작업실 벽난로 위에는 이런 글귀가 적혀 있습니다. "Nulla dies sine linea(한 줄도 쓰지 않는 하루는 없다)." 그가 프랑스를 대표하는 작가가 된 것도 자신에게 약속한 다섯 페이지를 매일 썼기 때문일 것입니다. 이처럼 매일의 평범이 비범을 만든다는 점을 명심하기 바랍니다. 원하는 결과가 나오지 않았다면 지금이라도 삶을 대하는 태도를 조금만 바꾸면 됩니다. 그리고 그것을 꾸준히 실천하기 바랍니다. 자신과의 작은 약속을 지켜낸다면 여러분도 남다른 결과를 얻을 수 있습니다.

제 4 장

인생에 대한 끝없는 질문

『살아 있는 것은 다 행복하라』
법정 | 조화로운삶 (SERI 추천도서)

『스웨이』
오리 브래프먼 | 리더스북 (SERI 추천도서)

『3분 고전』
박재희 | 작은씨앗

『스님의 사춘기』
명진 | 이솔

『철학이 필요한 시간』
강신주 | 사계절 (SERI 추천도서)

16. 삶은 순간순간 새로운 시작이다

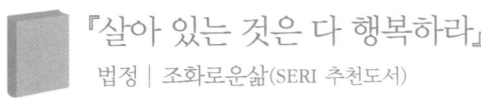

『살아 있는 것은 다 행복하라』
법정 | 조화로운삶(SERI 추천도서)

법정 스님은 삶이란 소유물이 아니라 순간순간의 '있음'이라고 하셨습니다. 잠언과도 같은 스님의 생각은 이제 세대를 초월하여 공감할 수 있는 책으로 남았습니다. 스님의 책과 저의 인연은 대학 시절로 거슬러 올라가는데요, 풋풋한 대학 새내기 시절, 저는 공학도로서 대학생활을 시작하긴 했지만 어쩐지 학과에 쉽게 마음을 붙이지 못하는 학생이었습니다. 도서관에서 니체나 괴테의 책을 뒤적이며 시간을 보내는 날이 더 많았거든요. 다양한 책을 무작위로 읽던 어느 날, 자연스럽게 스님의 책을 꺼내 읽게 되었습니다. 그러면서 저의 삶도 달라졌습니다. 혼돈과 방황으로 얼룩진 불안의 시간이라고만 여겼던 청춘이 다양한 기회와 도전이 넘치는 흥미진진한 시간임을 알게 되었습니다. 그런 깨달음은 제 삶을 보다 나은 방향으로 이끌었습니다. 그것은 제 삶의 지표가 되었고 세상을 향한 나름의 안목을 갖추는 데 많은 나의 인생은 그 누구도 아닌 내 자신의 연소.
때문에 모방과 추종을 떠나 내 나름의 삶을 이루어야 한다.
흐린 곳에 살면서도 물들지 않고
항상 둘레를 환히 비추는 연꽃처럼.

― 본문 중에서

도움을 주었습니다. 단순하지만 깊은 울림을 가진 진리는 시간이 흐를수록 단단해지는 것 같습니다. 이제 여러분에게도 그것을 들려드리고자 합니다.

진정으로 행복한 삶은 스스로가 주인이 되어 중심에 서는 삶이다

"겉모양은 언제나 늙고 허물어진다. 그러나 중심은 늘 새롭다. 자기 인생에서 스스로가 주인이 되어 살아가라." 스님은 늘 이렇게 당부하시곤 했습니다. 그렇다면 여러분의 삶은 어떤가요? 그동안 삶의 가치와 무게를 어디에 두고 살아왔나요?

누구나 행복한 삶을 추구합니다. 그러나 사람들은 나 이외의 것에서 행복을 찾는 경향이 있습니다. 예컨대, 행복이 물질적인 풍요 속에 있다고 믿는 사람들이 많습니다. 만약 그게 사실이라면 완전한 행복은 불가능할 겁니다. 우리의 욕망은 채울수록 커지기 마련이고 언젠가는 물질이 제공하는 만족의 크기가 욕망의 크기를 따라잡지 못하게 될 테니까요. 반면, 스스로가 주인이 되는 삶에서는 외부의 물질보다 내부의 '나'가 더 중요한 행복의 조건이 됩니다. 나를 오롯이 세울 수 있다면 다른 것은 모두 부차적인 것이 되고 맙니다. 이렇게 자기 삶의 중심과 가치관이 확고한 사람은 어떤 상황에 처하더라도 흔들림 없이 자신의 길을 갈 수 있습니다.

   법정 스님은 이에 더하여 "행복의 비결은 필요한 것을 얼마나 가지고 있는지가 아니라 불필요한 것에서 얼마나 자유로워져 있는가에 있다"라고 하셨습니다. 하지만 불필요한 것으로부터 자유로워진다는 건 생각보다 어려운 일일지도 모릅니다. 문명의 혜택에 익숙해질 대로 익숙해진 우리니까요. 이제부터라도 조금씩 연습해보기로 합시다. 보다 적은 것으로부터 보다 많은 만족을 얻을 수 있을 때까지. 모든 불필요한 것으로부터 자유로워질 때까지. 그러면 우리도 진정한 행복에 성큼 다가갈 수 있습니다.

모든 우연을 필연처럼 대해야 한다

매 순간 우리가 내린 선택과 우리가 한 행동이 다음의 나를 결정합니다. 그리고 한 번 지나간 순간은 두 번 다시 반복되지 않습니다. 그럼에도 우리는 순간순간을 지나치게 당연시 여기곤 합니다. 마치 삶이 언제까지나 지속될 것처럼 말이죠. 마찬가지로 우리는 세상에 머무는 동안 다양한 사람들과 크고 작은 인연을 맺는데요, 그 만남과 헤어짐조차 무의미한 일상처럼 아무런 감흥 없이 대하는 경우가 많습니다. 그러나 사람과 사람이 만나고 헤어지는 데는 다 그만한 이유가 있다고 봅니다.

피천득 선생님의 수필 『인연』에는 이런 글귀가 나옵니다. "어리석은 사람은 인연을 만나도 몰라보고 보통사람은 인연인 줄 알면서도 놓치고 현명한 사람은 옷깃만 스쳐도 인연을 살려낸다."

매 순간의 선택과 행동이 다음의 나를 결정하듯이 인연을 대하는 우리의 태도에 따라 그것은 우연이 되기도 하고 필연이 되기도 할 것입니다. 아무리 사소한 만남이라도 소중히 여기고 가꾸고자 애쓴다면 삶에 깊은 울림을 주는 소중한 인연이 될 수 있습니다.

산다는 것은 늘 깨어 있어 녹슬지 않는 것이다

사람이 제대로 살기 위해 힘써 해야 하는 것은 무엇일까요? 그것은 바로 드넓은 세상과 다양한 사람들 속에서 끊임없이 경험하고 배우는 일일 겁니다. 본래 인간이란 불완전한 존재입니다. 하지만 다행히 배우고 익힘으로써 자신의 단점을 보완하는 것 역시 인간의 본성입니다. 그렇기에 인간은 불완전하지만 완전한 세상을 꿈꿀 수 있습니다. 배우는 일을 멈춘다면 우리네 삶은 생기와 탄력을 잃게 됩니다.

내일을 두려워하는 사람은 오늘을 제대로 살지 않은 사람입니다. 현재에 최선을 다했다면 그 사람의 미래는 결코 어둡지 않습니다. 비록 몸이 노쇠해지더라도 마음만은 누구보다 건강할 겁니다. 모든 것이 정지하는 죽음의 순간이 오더라도 매 순간 최선을 다했다면 후회는 없을 것입니다.

모든 것은 흘러가고 지나가는 것이니 가두지 말고 흘러가게 하라

뭐든 물처럼 흐르고 막힘이 없어야 고이거나 침체되지 않습니다. 살다 보면 누구나 궂은일이나 슬픈 일을 겪기 마련입니다. 그러나 세상 어떤 것도 그 상태로 멈춰 있지만은 않습니다. 심장이 터질 듯한 기쁨도, 하늘이 무너질 듯한 슬픔도 한때 지나가는 감정일 뿐입니다. 시간이 지나면 슬픔이나 고통에도 나름의 이유와 의미가 있다는 것을 알게 됩니다. 그러니 행복이 왔을 때 행복에 매달리지 말고, 불행이 왔을 때 불행을 피하지 않으며 자신에게 주어진 삶을 살아가면 됩니다.

노자는 약하고 부드러운 것이 강하고 굳센 것을 이긴다고 했습니다. 약하고 부드러운 것은 '삶'에 가깝고, 강하고 굳센 것은 '죽음'에 가깝습니다. 세상 만물은 살아 있을 때 약하고 부드럽지만, 죽음에 이르면 외려 강하고 단단해집니다. 그렇듯 우리의 마음도 살아 있기 위해서는 물처럼 부드럽게 흘러갈 필요가 있습니다. 강하게 저항하고 다투다 보면 순간은 이기는 것처럼 보일 수도 있겠지만 결국엔 지고 맙니다. 모든 것을 물처럼 있는 그대로 받아들이면 그만큼 우리의 삶도 견실하고 부드러워집니다.

단순하고 간소하게 살아야 삶의 전부를 살 수 있다

법정 스님은 깊은 산중에 머물 때조차 세상사에 얽매어 있을 우리를 위해 당부하는 것을 잊지 않으셨습니다. "영원한 것은 없다. 모두가 한때일 뿐. 그 한때를 최선을 다해 최대한으로 살 수 있어야 한다. 삶은 놀라운 신비요, 아름다움이다. 그 순간순간이 아름다운 마무리이자 새로운 시작이어야 한다." 스님이 말씀하신 아름다운 마무리를 위해서는 우선 초심을 잃지 않는 자세가 필요합니다. 나는 누구인가? 나는 어디쯤 와 있는가? 이런 질문은 처음의 마음을 지키고 끝까지 아름다운 마무리를 하는 데 도움을 줄 겁니다.

아름다운 마무리는 또한 '내려놓음'을 의미합니다. 빗방울이 고인 연잎을 지켜보고 있노라면 내려놓음의 의미를 되새기게 됩니다. 연잎이 아름다운 자태를 유지하는 비결은 감당하지 못할 정도로 빗방울이 고였을 때는 고개를 숙여서 미련 없이 그것을 흘려보내기 때문입니다. 만약 욕심을 부려 끝까지 쥐고 있다면 연잎의 허리가 부러지게 될 겁니다. 이처럼 세상에서의 성공과 실패를 뛰어넘어 '내려놓음'을 이루지 못하면 스님이 말하는 아름다운 마무리는 어렵습니다.

이제부터라도 채우기에만 급급하던 생각을 비우고 그 비움이 가져다주는 새로운 충만을 느껴보기 바랍니다. 우리를 괴롭히는 온갖 번뇌로부터 벗어나면 남은 삶을 당당히 걸어갈 수 있게 될 겁니다. 부디 스님의 말씀이 어수선한 세상을 살아가는 여러분께 쓰지만 좋은 약이 되기를 기원합니다.

17. 마음을 흔드는 선택의 비밀

『스웨이』
오리 브래프먼 | 리더스북(SERI 추천도서)

우리의 인생은 선택의 연속입니다. 수많은 선택의 갈림길에서 우리는 올바른 결정을 하기 위해 고민하고 있습니다. 선택은 행동을 낳고 행동은 새로운 결과를 만들어 냅니다. 그 결과에 따라 우리의 삶이 달라집니다. 그렇다면 우리는 이토록 중요한 선택의 순간에서 어떻게 결정을 내리는 것일까요?

이 책의 아이디어는 저자가 경영대학원에 다니던 시절 담당교수였던 페르난데스가 던진 말에 의문을 가지면서부터 시작됩니다. 페르난데스의 말은 이러했습니다. "대부분의 사람은 스스로 이성적이라고 생각하지만 자각하는 것보다 훨씬 더 쉽게 비이성적인 행동에 이끌린다." 그 말은 경영대학원을 마친 뒤에도 오래도록 저자의 머리를 떠나지 않았고, 그것이 이 책이 나오게 된 계기가 됩니다.

'스웨이(Sway)'는 '의견이나 마음이 동요하다', '흔들리다'라는 뜻인 우리는 끊임없이 서로 암시와 메시지를 주고받으며 남을 흔들기도 하고 스스로 흔들리기도 한다. 겉보기에 아무 숨길 게 없는 단순명료한 상호작용 안에서조차 이 은밀한 힘이 작용하고 있다.

— 본문 중에서

데, 인간이 어떤 선택을 하거나 판단을 내릴 때 자신도 알지 못하는 심리적인 힘에 이끌리는 것을 의미합니다. 이 책은 인간의 비이성적인 선택과 행동을 낳는 다양한 심리적 요인들을 파헤치고 있습니다. 저자는 다양한 분야의 연구결과와 풍부한 사례, 과학적 분석을 통해 단순히 어리석은 행동에서부터 생사가 걸린 치명적인 행동에 이르기까지 우리의 행동을 왜곡시키는 역동적인 힘의 사례들을 들려줍니다.

그는 왜 허가 없이 이륙했나

1977년, 항공기 조종사 야코프 반 잔텐은 네덜란드행 비행기를 몰던 중 급유를 위한 기착지였던 라스팔마스 공항이 폐쇄되자 테네리프 공항에 임시 착륙합니다. 기장인 반 잔텐은 비행 솜씨가 탁월한 베테랑

조종사였습니다. 세심한 주의력과 체계적인 접근법, 꼼꼼한 비행 기록 덕분에 KLM 네덜란드 항공에서 안전 프로그램을 담당할 정도였습니다.

그날, 암스테르담에서 카나리아 제도의 라스팔마스 공항으로 향하는 보잉 747의 일정은 라스팔마스에 착륙해 연료를 주입하고 새 승객들을 태워서 고국 네덜란드로 돌아가는 단순한 것이었습니다. 그런데 그때 항공관제탑에서 테러리스트가 설치한 폭탄이 공항 꽃가게에서 폭발해 지상 상황이 혼잡하니 추후 공지가 있을 때까지 라스팔마스 공항을 폐쇄할 거라는 긴급메시지를 보내옵니다. 그리하여 반 잔텐은 표준 절차에 따라 원래의 도착지에서 50해리 떨어진 테네리프 섬에 착륙하게 됩니다. 그의 비행기는 오후 1시 10분쯤 다른 비행기들과 합류하게 됩니다.

그런데 비행기 활주로에서 안전하게 대기하고 있던 반 잔텐은 시간을 확인하면서 갑자기 걱정스러운 생각이 듭니다. 네덜란드 정부가 얼마 전부터 조종사가 준수해야 할 필수휴식시간을 엄격히 도입했기 때문에 아무리 늦어도 오후 6시 30분 이전에는 이륙해야 한다는 계산이 나왔던 것입니다. 일단 필수휴식시간이 시작되고 나면 절대 비행을 해서는 안 되기 때문이었죠. 휴식시간 전에 도착하지 못하면 수백 명의 승객들이 밤새도록 꼼짝 없이 그 섬에서 머물러야 했던 것입니다. 게다가 거기서 계속 지체하면 줄줄이 운항이 취소될 것이기 때문에 그의 고민이 이만저만이 아니었습니다.

그때부터 반 잔텐은 조급해지기 시작합니다. 라스팔마스 공항의 운영이 재개되는 즉시 이륙할 수 있도록 승객들을 기내에 그대로 싣고 있던 그는 두 시간가량이 지체되자 미리 급유를 하면 시간을 아낄 수 있을 걸로 판단하고 급유를 시작합니다. 그런데 급유를 하고 있는 동안 드디어 라스팔마스 공항의 운영이 정상화됐다는 소식이 들려옵니다. 그 소식을 들은 반 잔텐은 급유를 한 것을 후회하지만 급유가 끝날 때까지는 기다릴 수밖에 없었습니다. 결국 30분이 더 지나서야 급유가 끝나고 비행기를 이륙시킬 준비를 마치게 됩니다.

하지만 문제는 거기서 끝나지 않습니다. 기상이 악화되어 활주로에 짙은 안개가 내려앉아 임의로 이륙할 수 없는 상황이 된 것입니다. 반 잔텐의 이성적인 사고는 거기서부터 급속도로 흔들리기 시작합니다. 한시라도 빨리 이륙하고 싶은 생각에만 사로잡힌 그는 급기야 엔진을 가동시키고 비행기를 활주로 쪽으로 몰아갑니다. 이륙 허가가 나지 않은 상태인데도 그는 끝내 이륙을 강행합니다. 그렇게 가속도를 내던 중 눈앞에 끔찍한 상황이 펼쳐집니다. 반 잔텐의 비행기가 활주로 끝에 서 있던 팬암의 보잉 747기를 향해 돌진하고 있었던 것입니다. 그가 필사적으로 기수를 들어 올려 간신히 팬암 비행기를 피했다고 생각하는 순간이었습니다. KLM의 기체 하부가 팬암의 기체 상부를 강타하고만 것입니다. 결국 KLM 비행기는 폭발하고, 승무원과 승객을 포함한 탑승자 584명 전원이 사망한 역사상 가장 끔찍한 비행기 충돌사고로 기록되고 맙니다.

그날의 상황은 모든 게 반 잔텐에게 불리한 조건이었습니다. 물론 반 잔텐이 허가 없이 이륙하지만 않았어도 그런 비극은 일어나지 않았을 것입니다. 그렇다면 왜 그토록 노련한 조종사가 모든 규정을 무시하고 위험부담이 큰 행동을 저질렀을까요? 항공전문가들은 오랫동안 그 원인에 대해 분석했습니다. 그리고 한 가지 결정적인 요인을 도출해낼 수 있었죠. 자욱한 안개와 붐비는 이착륙장에 감추어진 심리적인 힘이 반 잔텐의 이성을 잃게 한 것이라고 말입니다.

이성적 판단을 저해하는 요소들

많은 연구가 진행되면서 인간의 판단과 행동은 그와 같은 심리적 저류의 영향을 받는다는 사실을 알게 되었습니다. 그 힘은 마치 물살처럼 합쳐지면 합쳐질수록 더욱 강력한 힘으로 작용합니다. 이 숨겨진 비이성적인 힘에는 손실기피, 집착, 가치 귀착, 진단편향 등이 있는데, 이러한 힘들이 서로 결합하면 의사결정에 강력한 영향력을 미치게 됩니다. 반 잔텐의 사고는 승객들의 불편을 우려한 손실기피 현상 때문에 발생한 비이성적인 판단이었습니다.

이성적 판단을 저해하는 요소 중에 가장 먼저 주목해야 할 것은 '가치 귀착'입니다. 가치 귀착이란 객관적인 데이터보다는 지각된 가치를 바탕으로 사람이나 사물에 어떤 특성을 부여하려는 인간의 성향을 말합니다.

워싱턴 D.C.의 지하철역에서 있었던 사건이 이를 잘 보여줍니다. 현존하는 최고의 바이올리니스트 조슈아 벨은 시민들을 대상으로 실시하는 현장연구에 비밀리에 참여합니다. 벨은 지하철역에서 바이올린 연주곡 중에서도 까다롭기로 유명한 곡을 연주하기 시작합니다. 그러나 연주를 시작한 지 43분이 지났음에도 누구도 야구 모자를 쓰고 청바지를 입은 음악가에게 관심을 두지 않습니다. 최고의 연주가 계속됐지만 어느 누구도 그를 신경 쓰지 않았던 겁니다. 그의 옆에 방송사 카메라가 있었거나 연주하는 사람이 누구라는 걸 알았다면 그렇게 무심코 지나쳤을까요? 이 실험에서 보듯이 가치 귀착은 선입견으로 인해 올바른 판단을 하지 못할 때 나타납니다.

이러한 가치 귀착이 적용된 비이성적 판단은 매우 많습니다. 가령, 흔한 가방도 세련된 백화점에서 팔면 모두가 선망하게 됩니다. 또한 권위 있는 사람이 내놓은 아이디어는 맹목적으로 따르지만 그렇지 않은 사람의 조언은 무시하게 됩니다. 바로 이런 일들이 가치 귀착에 해당됩니다.

다음으로 볼 비이성적인 힘은 '진단편향'입니다. 진단편향이란 객관적인 데이터를 왜곡시키는 심리적 힘을 말합니다. 우리는 상대방이 별 생각 없이 던진 한마디에도 평소의 생각을 바꿀 만큼 진단편향의 심리적 지배력에 취약합니다. 만약 소개팅을 하는데 주선자가 미리 소개팅 상대를 진지한 사람이라고 소개했다면 우리는 진지한 대화로 물꼬를 트게 될 것입니다. 재미있고 유머 있는 사람이라고 소개했다면 썰렁한 농담에도 더 크게 웃을 준비를 하게 되는 것처럼 말입니다.

사람들이 어떻게 경험과 의미를 구축하는지 연구한 심리학자 프라츠 엡팅은 이렇게 말했습니다. "우리는 체계화와 단순화를 위해 진단적 분류를 이용합니다." 그것은 분류체계에 의해 그밖의 다른 것들은 무시한다는 말입니다. 엡팅은 이런 진단적 분류는 판단을 위한 심리적 지름길로 가기보다는 '눈가리개'라는 오류에 빠질 수가 있다고 말합니다. 이 눈가리개는 바로 앞의 사실을 명확히 보지 못하게 방해하여 분류만 눈에 들어오게 하는 것을 말하는데, 가령 어느 NBA 선수가 드래프트에서 '로픽(low pick)'으로 분류됐다면 진단편향에 의해 그 선수는 무슨 수를 써도 만년 마이너급 선수라고 여기게 되는 겁니다.

게다가 진단편향에는 매우 위험한 함정이 있습니다. 어떤 사람을 어떤 틀에 따라 분류해놓으면 그 상대가 그런 진단 특성을 받아들인다는 것입니다. 심리학계에서는 이러한 기대치의 반영 현상을 '피그말리온 효과' 또는 '골렘 효과'라고 말합니다. 그리고 이 두 가지를 모두 아우르는 의미로서 '카멜레온 효과'로 부르기도 합니다.

또 다른 비이성적인 힘은 '기대감'입니다. 과학경시대회에서 우승한 아이를 디즈니랜드에 데려가는 것과 "과학경시대회에 나가서 우승하면 디즈니랜드에 데려가 주마"라고 미리 말해두는 것 사이에는 엄청난 차이가 있습니다. 이것이 바로 중독적인 행동을 유발하고 이타중추를 억누르는 '기대감'이라는 요소입니다. 이 힘은 사회 여러 분야에서 나타나는데, 금전적인 인센티브를 제시하거나, 이재민에게 숙식을 제공한 사람에게 세제 혜택을 주는 경우 등 다양합니다. 문제는 보상 자체에 있지 않습니다. 보상의 '가능성'을 너무 빨리 제시함으로써 파괴적인 효과가 나타난다는 게 문제입니다. 동기부여 연구에 대한 광범위한 검토와 분석에 따르면 보상에 대한 기대감은 보상 달성 자체보다도 더 강력하게 쾌감중추를 자극한다고 합니다.

마지막으로 '집단 역학'이 있습니다. 인간은 집단 내에서는 혼자 있을 때와는 다른 반응을 나타내곤 합니다. 구성원들 간의 힘의 관계가 복잡하게 작용하여 지도자가 생겨나고 하위지도자가 출현하기도 합니다. 때로는 그룹 내 동맹을 형성하기도 하고, 동료의 압박에 굴복하는 경우도 발생합니다. 이것은 그룹이라는 울타리에서 사고의 합리성이 왜곡되고 절충되기 때문입니다. 그것이 바로 집단 역학의 힘입니다.

숨겨진 비이성적인 힘을 제어하라!

지금까지 살펴 본 여러 가지 숨겨진 비이성적인 힘들이 우리 조직과 환경에서 거침없이 나타나고 있다는 사실은 그리 놀랄만한 일이 아닙니다. 중요한 것은 이런 숨겨진 심리적 힘이 한 방향으로만 흐르지 않도록 해야 한다는 겁니다.

앞서 언급한 비행기 사고에서 반 잔텐이 이륙하려고 엔진의 회전 속도를 올리자 부조종사는 그를 본능적으로 저지합니다. "잠깐만요, ATC 허가가 없었잖아요!" 반 잔텐도 수긍은 했지만 짜증 섞인 목소리로 알고 있다고 대답합니다. 놀라운 것은 부조종사도 한 번 이의를 제기한 다음에는 곧바로 단념했으며, 두 번째로 이륙을 시도할 때는 그냥 잠자코 있었다는 것입니다. 이렇게 차단의 목소리가 사라지자 곧바로 끔찍한 사고가 일어난 겁니다.

당시 항공업계에서는 기장의 권위가 마치 신처럼 여겨지고 있었기 때문에 기장이 내린 결정에 이의를 제기하는 것은 감히 상상하지 못할 일이었습니다. 그 사건으로 인해 항공업계는 이런 오류를 막기 위해 대대적인 노력을 기울였고 교육 방식도 완전히 달라졌습니다. 조종사들은 효과적인 의사소통과 피드백 수용 교육을 받았고 승무원들은 상사가 실수를 저지르는 순간에 그것을 지적하도록 훈련받고 있습니다.

많은 사람들이 권위자 앞에서는 옳다고 생각했던 것조차 쉽게 말을 꺼내지 못합니다. 수십 년간 발생한 끔찍한 항공기 사고의 주된 이유는 기장의 실수를 동료조종사가 알고도 지적하지 않았기 때문이었습니다. 따라서 그곳이 조종실이든 회의실이든, 어떤 상황에서든 반대의 목소리를 내서 균형을 유지해야 하는 것입니다. 그 반대의 목소리가 비이성적인 행동이라는 홍수를 막아주는 댐과 같은 역할을 하기 때문입니다.

우리는 인간인 이상 어쩔 수 없이 합리적 결정을 방해하는 비이성적인 힘에 의해 판단이 흔들릴 수밖에 없습니다. 그러나 비이성의 힘을 극복하기 위한 자세와 노력은 필요합니다. 그 방법 중 하나는 장기적인 시각에서 계획을 수립하고 이를 철저히 고수하는 것입니다. 단기적인 목표에 지나친 중요성을 부여하면 손실의 고통을 피하려는 자연스러운 성향으로 사고가 왜곡될 가능성이 높습니다. 반면, 장기적인 시각을 취하면 당장의 손실은 그리 중요하지 않게 여길 수가 있는 겁니다. 또한 지나간 일은 흘려보내고 방향을 선회할 줄도 알아야 합니다. 때로는 머릿속의 생각을 모두 비우거나 과거를 흘려보내는 것도 필요합니다. 인텔의 전 CEO 앤디 그로브는 그의 저서 『승자의 법칙』에서 메모리칩 사업을 접고 마이크로프로세서라는 새로운 분야에 자원을 집중하기로 결정했던 당시의 이야기를 들려줍니다. 당시 인텔의 핵심 사업은 메모리칩이었지만 품질이 우수하고 가격도 저렴한 일본산 칩이 대량 들어와 손실이 발생하자 그는 과감히 메모리칩 사업에 대한 집착의 지배력을 극복하고 마이크로프로세스에 집중하기로 결정한 것입니다. 그리하여 위대한 성공 스토리를 남길 수 있었다고 합니다.

인생의 많은 부분은 모호성과 불명료성으로 가득 차 있습니다. 그러므로 우리는 늘 논리적인 사고를 방해하는 비이성적인 힘에 흔들리고 있다는 사실을 기억해야 합니다. 수많은 권위자와 리더들도 정확한 예측과 올바른 판단을 내리지 못할 때가 많았습니다. 따라서 우리 모두는 어떤 분야의 전문가나 권위자의 의견에도 의문과 반론을 던질 수 있어야 합니다. 특히 기업의 경영자나 조직의 리더는 중요한 사업적 결단이나 의사결정의 순간에 심리적 저류에 이끌리지 않고 냉정한 시선을 유지해야 합니다. 편견을 버리고 시야를 넓혀야 하는 겁니다. 그렇게 유연한 사고를 강화할 수 있다면 어느 때라도 현명한 선택이 가능합니다.

18. 인생길에 동행하는 고전 필수품

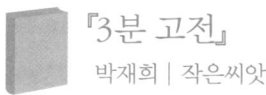
『3분 고전』
박재희 | 작은씨앗

요즘엔 정말 시간이 쏜살같이 흐른다는 말이 지나치지 않을 만큼 모든 게 빠르게 변화하는 느낌이 듭니다. 경쟁에서 뒤처지지 않기 위한 현대인의 고군분투는 눈물겨울 정도인데요, 하지만 이러한 속도 경쟁 속에서도 삶의 중심을 놓지 않기 위한 노력을 해야만 합니다. 그런 점에서 고전은 우리가 가장 손쉽게 찾을 수 있는 도구라는 생각이 듭니다. 일상이 점점 디지털화될수록 아이러니하게도 아날로그적인 사고와 가치가 중시되고 있습니다. 고전에 대한 관심이 증가하는 것도 비슷한 맥락입니다. 고전은 우리에게 '지금의 삶을 주시하고 인생의 좌표와 꿈을 탐구하라'는 명확한 메시지를 전달합니다. 그래서 이번에는 우리에게 다양한 시각과 깊은 사고를 전함으로써 삶의 본질에 다가갈 기회를 주는 『3분 고전』을 펼쳐볼까 합니다. 이 책의 저자인 박재희 교수는 매일 아침 라디오를 통해 우리 국민에게 동양철학

> 샘이 깊은 물은 끝없이 용솟음친다.
> 그러기에 밤낮을 쉬지 않고 흐를 수 있는 것이다.
> 흐르다 웅덩이에 갇히면 그 웅덩이를 가득 채우고 다시 흐른다.
> 그리하여 사해(四海)까지 멀리 흘러갈 수 있는 것이다.
>
> — 본문 중에서

의 진수를 현대의 언어로 전달하는 일을 해왔는데요, 그가 소개하는 110여 편의 고전 중에서 바쁘게 살아가는 우리의 정신을 풍요롭게 가꾸어 줄 여섯 가지 지혜를 소개하고자 합니다.

시중지도(時中之道)

정확한 판단력과 시기적절한 대응력이야말로 현대인에게 꼭 필요한 능력이 아닐까 생각됩니다. 사회가 고도로 복잡해질수록 그런 능력을 갖춘 사람이 인정받게 될 겁니다. 평상시에도 그렇지만 위기가 왔을 때 올바른 결정을 내리고 적절하게 행동한다는 건 쉬운 일이 아닙니다. '시중지도(時中之道)'란 상황에 맞는 중용의 도를 실천하며 살아야 한다는 뜻입니다. 가령 눈앞에 보이는 이익만을 좇는 것은 시중지도의 가르침과 어울리지 않습니다. 지나치게 화려한 삶을 추구하는 것도 마찬가지입니다. 남에게 베푸는 선행조차 상황에 맞지 않는다면 의미 없는 것이 되고 맙니다. 선을 행하더라도 필요한 곳에 적절한 방식으로 행해야만 충분히 빛날 수 있습니다.

　시중지도를 경영자의 관점에 접목해보면 그것이 얼마나 중요한 덕목인지를 알 수 있습니다. 경영자가 하는 일을 한마디로 정의한다면 '대신 결정하는 것'이라고 말할 수 있습니다. 탁월한 의사결정능력은 경영자가 갖추어야 할 최고의 자질이 아닐 수 없습니다. 머릿속에 지식이 아무리 많더라도 정작 필요한 때에 써먹을 수 없다면 그 가치는 무의미해질 겁니다. 적절한 판단과 선택은 기업을 위기로부터 구할 수 있습니다. 반면 리더의 우유부단함은 그 자체로 조직의 생존을 위협하는 커다란 약점이 됩니다.

　『중용』에 의하면, 군자란 시중지도를 실천하는 사람이며, 때를 모르고 마음 내키는 대로 인생을 사는 사람은 소인이라고 합니다. 흔히 나설 때와 나서지 않을 때를 알아야 한다고 말하곤 합니다. 시중지도의 가르침과도 비슷한 말입니다. 이처럼 고전에서 배우는 성인의 지혜 중에는 이미 우리가 알고 있는 것들이 꽤 많습니다. 알고는 있지만 실천하지 못하는 것이죠. 시중지도의 가르침을 실천하여, 때를 알고 때에 맞게 처신할 줄 아는 현대인이 되길 바랍니다.

견소왈명(見小曰明)

요즘 사람들은 먼 곳에서 행복을 찾습니다. 재물과 권력을 얻기 위해서는 많은 노력과 시간이 필요합니다. 그것은 먼 곳에 있는 행복입니다. 먼 곳에서 행복을 구하는 사람들은 가까운 곳에 있는 행복을 곧잘 놓치곤 합니다. 그러나 먼 곳의 큰 행복보다는 가까운 곳에 있는 작은 행복이 더 가치 있고 중요합니다. 우리가 손을 뻗기만 하면 금방 잡을 수 있는 행복을 두고 어째서 머나먼 남쪽 나라에서만 행복을 찾는다는 말입니까. 작은 것을 볼 줄 아는 능력, 노자는 그것을 '견소왈명(見小曰明)'이라고 했습니다. 작은 것의 의미를 찾을 수 있는 명철한 지혜를 뜻하는 말입니다. 중국 송나라 때 소강절(邵康節)이란 학자는 작은 행복의 의미를 시로 읊은 적이 있습니다.

　달은 하늘 깊은 곳에 이르러 새벽을 달리는데
　어디선가 바람은 불어와 물 위를 스쳐가네
　너무나 사소하지만 일반적이고 맑고 의미 있는 것들
　아무리 헤아려 봐도 이해할 수 있는 사람이 적네

처음 두 행에는 밤하늘에 떠 있는 달이 물결을 비추고 산들바람이 살며시 불어와 물 위를 스치는 평화로운 풍경이 묘사되고 있습니다. 다음 두 행에는 그 풍경에 대한 지은이의 정서가 담겨 있습니다. 3행의 시구는 작고 사소한 것에서 의미를 찾고자 한 시인의 견소왈명의 자세가 잘 드러나 있습니다.

주변을 조금만 둘러보면 우리를 행복하게 해주는 것들이 무수히 많다는 걸 알 수 있습니다. 불확실한 미래에 갖게 될지 어떨지 알 수 없는 큰 행복에 매달려서 곁에 있는 작은 행복을 놓치는 우를 범하지 않길 바라며, 행복은 일상의 작은 기쁨을 자주 기억하는 데 있음을 명심하시길 바랍니다.

인(仁)

인생을 살면서 누구를 만날 것인지는 굉장히 중요한 문제입니다. 우리의 삶은 만남과 헤어짐의 연속이라 해도 과언이 아닐 정도로 우리는 다양한 사람들과 다양한 인연을 맺으며 살아갑니다. 그들과 어떤 관계를 맺는지에 따라 우리 인생의 성패도 달라집니다. 『논어』는 인간관계의 핵심 원리로 '인(仁)'을 제시하고 있습니다. 인의 처음이자 마지막은 상대방을 존중하고 배려하는 것입니다. 인은 우리가 머무는 모든 시간과 장소에 필요한 덕목입니다. 부모 자식 사이라도 서로의 입장을 존중하고 배려하지 않는다면 분란이 일어날 수밖에 없습니다. 기업에서 경영자가 직원의 입장을 헤아리지 않는다면 능력 있는 직원을 붙잡아둘 수 없을 겁니다. 아무리 친한 친구라도 상대를 배려하지 않고 함부로 대한다면 남보다 못한 사이가 되고 말 겁니다.

중궁이라는 제자가 공자에게 물었습니다. "선생님, 인이란 무엇입니까?" 그러자 공자는 이렇게 대답했습니다. "집 문을 나서는 순간, 만나는 모든 사람을 큰 손님처럼 대하는 것이 인이다." 세상의 모든 사람을 큰 손님을 맞이하듯 겸손하게 대한다면 우리도 역시 그런 대접을 받을 수 있을 겁니다. 그리고 그들은 우리 삶을 보다 풍요롭게 하는 소중한 인연이 될 겁니다.

독처무자기(獨處無自欺)

세상에서 가장 힘든 일 중 하나가 '홀로 있을 때 자신을 속이지 않는 것'이라고 합니다. 생각해보면 절로 고개가 끄덕여지는 말입니다. 다른 사람들이 지켜볼 때는 그들의 눈과 귀를 의식해서 행동을 조심하게 됩니다. 그렇지만 혼자 있을 때는 마음이 느슨해져서 스스로에게 관대할 수밖에 없습니다. 그럼에도 조선의 선비들은 이 '독처무자기(獨處無自欺)'의 철학을 실천하고자 애썼다고 합니다. 조선 중종 때 문신이었던 임권 선생은 '세상 모든 사람을 속일 수는 있어도 자기 자신은 속일 수 없다'라는 생각으로 독처무자기를 평생의 화두로 삼았다고 합니다. 다산 선생이 18년간 유배생활을 하면서도 무너지지 않고 학문에 정진할 수 있었던 것도 독처무자기의 철학이 있었기 때문이라고 합니다.

군자는 아무도 보지 않는 곳에서도 자신을 속이지 않는 사람입니다. 그런데 오늘날 우리의 모습은 어떻습니까? 남이 보는 앞에서는 온갖 노력을 기울이는 척하다가도 보이지 않는 곳에서는 양심을 버리고 윤리에 어긋난 행동을 일삼곤 합니다. 세상 사람들 모두 속일 수는 있어도 나를 속일 수는 없습니다. 게다가 남을 속이는 것 역시 잠깐입니다. 공자의 제자인 증자는 이렇게도 말했습니다. "자신을 속이지 마라! 세상의 모든 사람들이 너를 보고 있다. 열 사람의 눈이 너를 지켜보고, 열 사람의 손이 너를 가리키고 있다. 이 얼마나 무서운 현실이냐!" 인간은 혼자서 살아갈 수 없는 존재이기 때문에 신뢰를 잃게 되면 모든 것을 다 잃는 것이나 다름없습니다. 남과 나를 속이지 않는 것은 신뢰를 얻기 위한 가장 단순한 방법입니다. 인류의 역사에는 뛰어난 인물들이 넘쳐납니다. 그들에게는 인간의 위엄을 지키기 위한 남다른 '인생철학'이 있었습니다. 우리도 세월에 바래지 않는 부끄럽지 않은 인생철학 하나쯤 가슴에 새기고 실천해야 할 것입니다.

불우지예(不虞之譽)와 구전지훼(求全支毁)

'불우지예(不虞之譽)'란 예상치 못한 칭찬을 말하며, '구전지훼(求全支毁)'란 온전히 하려다 당하는 비난을 뜻하는 말입니다. 둘 다 나의 노력이나 의지와는 상관없이 이루어지는 것들입니다. 맹자는 칭찬이나 비난은 내 의지대로 되는 것이 아니므로 어떠한 칭찬이나 비난에도 마음이 들뜨거나 상처를 입을 필요가 없다고 말합니다. 나아가 누구에게 비난을 받거나 칭찬을 받더라도 그것을 완전한 사실로 받아들여서는 안 된다고 충고합니다. 사실 칭찬이나 비난은 결과에 따른 부산물에 불과합니다. 칭찬이 있다고 해서 혹은 비난이 있다고 해서 어떠한 노력이나 결과가 더 위대해지거나 추해지는 것은 아닙니다. 물론 진심에서 하는 칭찬은 사기를 진작시키고, 타당한 비판은 문제를 개선할 수 있습니다. 하지만 상대를 안심시키거나 잘 보이기 위해서 하는 칭찬이 더 많습니다. 또한 상대를 깔아뭉갤 목적으로 근거 없이 하는 비난이 더 많습니다. 그러니 칭찬이나 비난에 일희일비하지 말고 묵묵히 자신의 길을 걸어가는 것이 보다 현명한 태도입니다.

성찰을 위한 세 가지 질문

마지막으로 공자도 스스로 실천하기 힘든 것이라고 말한 세 가지 성찰의 질문들을 소개하겠습니다. 첫째 물음은 '묵이지지(默而識之)', 인생을 살면서 좋은 말씀을 가슴속에 묵묵히 간직하고 있는가? 하는 것입니다. 책을 한 번 읽고 다 읽었다고 자신 있게 말하며 더 이상 들여다볼 생각을 하지 않는 사람들이 많습니다. 하지만 독해하는 것과 마음에 새기는 것은 전혀 다른 문제입니다. 배우고 익힌 것을 마음에 새기지 않으면 단지 일회적인 지식에 그치고 맙니다. 두 번째 물음은 '학이불염(學而不厭)', 배움에 싫증내지 않으며 배움이 충만한 삶을 살고 있는가? 하는 것입니다. 배움에는 끝이 없다그 했습니다. 학교를 졸업했다고 해서 배움이 끝나는 것은 아닙니다. 세 번째 물음은 '회인불권(誨人不倦)', 남을 가르침에 있어 게으름을 피우지 않았는가? 하는 것입니다. 부지런히 배우고 배운 것을 가슴에 새기는 것만으로는 부족합니다. 그것은 자기 자신만을 이롭게 할 뿐입니다. 남을 가르쳐서 바른 길로 인도해야 배움의 진정한 의미를 달성할 수 있습니다.

  가만히 생각해보면 우리들의 평소 습관은 세 가지 질문이 요구하는 방향과는 전혀 다르다는 것을 알 수 있습니다. 우리는 배우는 것을 즐겁게 여기지 않으며, 한 번 배운 것은 다시 돌아보지 않고, 자기가 배운 것을 남에게 알려주는 데에도 인색합니다. 그러니 세 가지를 동시에 지킨다는 게 얼마나 어려운 일인지 모릅니다. 그렇다고 포기할 수는 없습니다. 우선은 세 가지 질문을 기억하는 것으로 시작하면 됩니다. 그리고 스스로에게 자주 물어보는 겁니다. 그러다 보면 언젠가는 '그렇다'고 대답할 수 있는 날이 오지 않을까요? 고전이 우리에게 던지는 메시지는 매우 명확합니다. 명확하고 간단하지만 실천하기 어려운 진리, 고전이 오랜 세월 동안 꾸준히 읽히는 것도 그런 이유 때문일 겁니다. 실천하기 어렵다고 읽는 것으로 그쳐서는 곤란합니다. 조금씩 천천히 실천하다 보면 여러분도 옛 성인들이 누렸던 마음의 평화를 얻을 수 있습니다.

19. 어디를 보는가

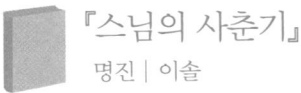
『스님의 사춘기』
명진 | 이솔

지난 몇 년간 거침없는 언행으로 세상을 뜨겁게 달구었던 스님이 있습니다. 봉은사의 주지셨던 명진 스님이 그 주인공인데요, 40년간 선방에서 안거하며 바람처럼 구름처럼 자유로웠던 스님이 세상을 향해 목소리를 낸 겁니다. 이 책에는 스님의 솔직담백한 수행기와 그가 세상을 향해 진짜로 하고 싶었던 이야기가 담겨 있습니다.

나는 누구인가

스님은 산중에 수십 년 들어앉아 있어야만 도를 터득하는 게 아니라 일상적인 삶과 곤란에 수행의 길이 있다고 믿었습니다. 그리하여 선지식을 찾아 다양한 사람들을 만나고자 했습니다. 그에게 중요한 깨달음을 주었던 최초의 선지식은 고등학교 3학년 때 만난 젊은 스님이 은티재를 넘어온 북풍 찬바람이 삼십 리를 쏟아져 내려온다. 천 년 세월의 이끼 낀 탑전에 멈추어 부지런한 스님들 비질을 피해 뒹굴던 겨울 낙엽 몇 잎을 휘감는다. 찬 기운이 정수리를 찌른다. 다시 묻는다. 나는 누구인가?

— 본문 중에서

었습니다.

당시 명진 스님은 우여곡절 끝에 대학 입시를 준비하고자 관음사에서 절밥을 먹던 중이었습니다. 해인사에서 왔다는 그 젊은 스님은 한눈에 보기에도 내공이 만만치 않다는 느낌을 주었다고 합니다. 어릴 때부터 독종으로 불릴 정도로 사건사고를 자주 일으켰던 명진 스님도 그 기운에 눌릴 정도였습니다. 이상한 기운을 내뿜는 그 젊은 스님에게 어린 명진 스님이 용기를 내어 물었습니다. "스님은 어떻게 해서 출가를 하셨나요?" 그러자 젊은 스님은 명진 스님을 한참 건너다보더니 되레 "학생은 뭐 때문에 절에 와 있소?"라고 물었습니다. 명진 스님은 당연하다는 듯이 "대학 입시를 준비하려고 와 있습니다"라고 말했습니다. 그러자 젊은 스님의 물음이 이어졌습니다.

"대학은 왜 가려고 합니까?" "좋은 데 취직하려고 가는 거죠." "좋은 데 취직해서 그 다음에는?" "장가가서 자식 낳고 사는 거죠." "그렇게 살다가 나중에는?" 명진 스님은 조금 짜증이 나서 "그렇게 살다가 죽는 거죠, 뭐" 하고 말했습니다. 그러자 젊은 스님은 "그러면 그렇게 살다가 죽으려고 여기 와서 공부하는 겁니까?"라고 물었습니다. 그 말에 명진 스님은 말문이 막혔다고 합니다. 우물쭈물하는 명진 스님에게 젊은 스님이 다시 물었습니다. "학생?" "예." "무엇이 '예'라고 대답했소? '예'라 대답한 놈이 뭐요?" 어린 명진 스님은 그 물음에도 "모르겠습니다"라는 대답밖에는 할 수 없었습니다.

"네가 누구냐고 물었는데 모른다고? 자기가 누군지도 모르는데 영어를 공부하고 수학을 공부해서 대학을 가고 취직하고 결혼하는 게 무슨 의미가 있는가?" 그의 말에 명진 스님은 벼락을 맞는 느낌이 들었다고 합니다. 그리고 젊은 스님에게 불행했던 어린 시절과 고민을 모두 털어놓았습니다. "스님, 어떻게 사는 게 잘 사는 겁니까?" 스님은 이렇게 말했습니다. "내가 나를 알아야 돼. 다른 일은 전부 다 그 다음 일이지. 나는 무엇인가. 그것을 찾아가는 공부를 하는 게 바로 불교야." 그 말은 어린 명진 스님의 인생을 바꾸는 말이 되었습니다.

앞만 보고 가세요

명진 스님은 도를 구하고자 하는 마음만 있으면 어디에서든 스승을 만날 수 있다고 말합니다. 언젠간 스님은 스노보드를 배우게 되었습니다. 뭔가를 배우고자 하면 끝장을 보는 성미였던 명진 스님은 보드를 배울 때도 특유의 근성을 발휘해서 자빠지고 고꾸라지며 부단히 연습을 했습니다. 야간에도 나가서 미친 듯이 타다 보니 어느덧 실력이 늘어 중급자 코스까지 무난히 탈 수 있게 되었습니다. 더 욕심이 생긴 스님은 상급자 코스로 올라가서 급경사를 내려갔습니다. 그러던 중 다른 사람과 충돌할 위기에 처했는데, 다행히 그 사람이 고수여서 위기를 모면할 수 있었습니다.

고수가 스님의 뒤를 따라 내려가면서 이렇게 말했습니다. "스님, 옆으로 내려가는데 왜 자꾸 아래를 내려다보십니까?" 보드는 옆으로 턴을 하면서 내려가는 방식인데 경사가 급해서 무서운 마음에 자꾸만 시선이 아래로 향했던 겁니다. 고수는 이렇게 덧붙였습니다. "스님, 두목(頭目)이란 말을 아십니까? 두목은 '머리 두' '눈 목'입니다. 두목이 가면 졸개들이 다 따라가는 것처럼 우리 몸은 마음과 눈이 가는 쪽으로 향하게 됩니다." 그제야 스님은 자신이 왜 넘어졌는지를 깨닫게 되었습니다.

"옆으로 가는데 왜 시선이 아래를 향합니까. 시선이 아래로 가니까 마음도 그쪽으로 가면서 몸의 균형이 깨져 넘어지는 겁니다. 경사가 높고 낮음은 아무런 상관이 없습니다. 아래를 보든 안 보든 넘어질 사람은 넘어집니다. 그러니 아래쪽에는 신경을 쓰지 말고 스님이 가려고 하는 곳만 집중해서 보세요." 그의 조언대로 가려는 방향에 시선을 고정하고 중심을 잡으려고 노력하자 급한 경사도 마음대로 다닐 수 있게 되었다고 합니다.

물방울이 물로, 물이 물방울로
스님에게 보다 열린 사고를 갖게 해준 또 한 명의 세간 스승이 있습니다. 스님이 서른 즈음에 부석사 수경 스님을 만나기 위해 수박 한 덩

어리를 사들고 터미널로 들어가는데 누군가 수박 든 손을 내리치는 바람에 수박이 떨어지면서 깨지고 말았습니다. 뒤를 돌아보니 어떤 노파가 스님을 보고 있었습니다. 한눈에도 범상치 않은 느낌을 주는 노파였습니다.

"정신 차리고 다녀. 중이 어디 정신을 놓고 다녀?" 그 말에 스님은 정신이 번쩍 나서 노파에게 물었습니다. "보살님은 어디에 계십니까?" 그러자 노파가 말했습니다. "제 눈앞에 두고 어디 있느냐고 묻네?" 스님은 당초의 계획을 변경해 노파를 따라 버스에 오르기로 했습니다. 노파의 뒤를 따라 한참을 가다 어느 막걸리 집으로 들어가게 되었습니다. 노파는 막걸리 사발을 스님 앞에 내밀며 "막걸리나 마셔" 하고 말했습니다. 그리고 지난 세월 살아온 이야기를 꺼냈습니다.

노파는 남편을 일찍 저세상으로 보내고 온갖 궂은일을 하면서 아들을 키웠다고 했습니다. 애지중지 키운 아들은 유신 반대 운동을 하다가 강제 징집을 당해 군대에 갔는데, 얼마 지나지 않아 아들이 훈련 중 지뢰를 밟아 죽었다는 믿을 수 없는 소식이 왔습니다. 노파는 아들의 뼈를 도저히 묻지 못하고 집으로 가지고 돌아와 매일 울부짖으며 실성한 사람처럼 세월을 보냈습니다. 그러던 어느 여름날 처마에서 낙수가 떨어져 물거품이 일어났다 꺼지는 모습을 보았습니다. '물방울이 물로 돌아가고 물이 다시 물방울이 되는구나.' 그 작은 발견은 죽고 사는 일에 대한 생각을 바꾸는 계기가 되었습니다. 물과 물방울이 둘이 아닌 하나인 것처럼 생과 사가 결국은 하나라는 것을 알게 된 것입니다. 노파는 나고 죽는 문제에 대한 생각을 바꿈으로써 생사에 얽매이지 않는 자유를 얻게 되었다고 했습니다.

노파의 사연은 명진 스님에게도 많은 귀감이 되었고, 이후에도 스님은 노파를 스승으로 삼고 공부가 느슨해지거나 일이 잘 풀리지 않을 때면 찾아뵀다고 합니다.

이처럼 스님은 세상에서 만나는 모든 이들로부터 수행의 길을 보았고 그것을 다시 신도들에게 전하고자 했습니다. 또한 그의 말을 열심히 들어주는 신도들이 그의 도반이자 선지식이라고 말합니다. 모든 이로부터 배움을 구하고자 한 스님의 겸손과 열정에 저절로 고개가 숙여집니다.

스님의 솔직한 말과 행동에 비난과 환호가 따라다녔던 것도 사실입니다. 결국 그가 도심 한복판에서 세상을 향해 하고자 한 말은 이 한마디였습니다. "마음에서 힘을 빼라!" 즉 마음을 비우고 모든 고정관념과 지식과 습관을 버리라는 겁니다. '안다'는 생각이 마음에서 지워지면 오로지 한 가지의 물음만이 남습니다. 사춘기의 명진 스님이 그랬던 것처럼 결국 우리도 '나는 누구인가?'라는 물음에서 자유로울 수 없습니다. 스님의 수행기가 여러분 스스로를 온전히 들여다볼 수 있는 계기가 되기를 바랍니다.

20. 유리병 편지에 담긴 철학

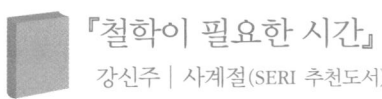

『철학이 필요한 시간』
강신주 | 사계절 (SERI 추천도서)

계절이 늦가을로 접어들 무렵이면 허공을 가르는 찬바람과 원색을 잃어가는 생명들을 바라보며 으레 사색에 잠기곤 합니다. 특히 소멸해가는 풍경들을 마주할 때면 삶의 유한함이나 죽음의 불가해함을 생각하게 됩니다. 그러다 보면 어느 순간 고독과 마주하기도 합니다. 언젠가 우리도 저 생명들처럼 사라져갈 것이라는 분명한 사실을 예감하는 겁니다. 고독은 우리로 하여금 삶의 의미를 찾아 분주히 움직이도록 요구합니다. 존재, 인간, 자유, 타인, 사랑 같은 낱말들을 떠올리며 그 의미를 곱씹어보라고 말합니다. 길고 긴 사유의 시간이 지났을 때 우리는 한 가지 화두에 다다르게 됩니다. 그것은 바로 '철학'이라는 이름의 화두입니다.

여고시절부터 철학은 저에게 풀리지 않는 수수께끼이자 두근거리는 것이었습니다. 지금도 철학이라는 이름을 대할 때면 떨리면서도 자유를 꿈꾸며 사는 사람만이 자신을 옥죄고 있는 담벼락과 조우할 수 있을 뿐이다. 자유로운 것 같지만 갇혀 있다는 사실. 제한된 것만을 하도록 허락된 자유. 자유정신이 어떻게 이런 허구적인 자유를 긍정할 수 있겠는가? ─본문 중에서

    때로는 탐독의 기쁨에 사로잡히기도 합니다. 또한 나이가 들수록 내 안에서 들려오는 무수한 의문들이 그것에 시선을 향하도록 만들었습니다. 인생의 중반을 살아가는 지금 저는 철학의 목소리를 외면할 수 없습니다. 이처럼 우리의 내면을 직시하기 위해 철학적 목소리에 귀 기울여야 할 때가 있습니다. 설령 그것이 우리의 마음을 불편하게 할지라도 그 목소리를 견뎌내야 합니다. 그래야만 우리 자신과 대면할 수 있고 우리 삶의 주인이 될 수 있기 때문입니다.

    철학의 목소리를 듣기 위해 제가 선택한 책은 강신주 박사의 『철학이 필요한 시간』입니다. 요즈음 우리 사회는 솔직하고 정직한 인문정신과 철학적 사고에 대한 요구가 높아지고 있습니다. 그만큼 우리 시대의 정신과 도덕이 올바른 판단력을 잃은 채 시류에만 휩쓸리고 있다는 뜻일 겁니다. 저자는 이 책에서 우리에게 현실적인 문제에 대한

깊이 있는 통찰을 보여주며, 동시에 우리의 고통이나 불안에 대한 처방책을 제시하고 있습니다. 고민과 상처에만 갇혀 있는 우리에게 거짓 위로가 아닌, 삶에 당당히 나서는 데 필요한 인문정신을 보여줍니다. 이제부터 저자가 소개하는 48명의 다양한 철학자들 중에서 가장 인상 깊은 7명의 통찰의 메시지를 들려드리도록 하겠습니다.

삶은 한 번으로 끝나는 것이 아니다

자유롭고 후회 없는 삶을 추구한다면 니체의 목소리에 귀 기울일 것을 권합니다. 니체는 사회가 주는 구속을 가장 답답하게 여겼던 철학자라고 합니다. 갇혀 있으면서도 그 사실을 알아차리지 못하는 이웃들의 길들여진 정신을 깨우려 무던히도 애를 쓴 철학자였던 겁니다. 그는 『차라투스트라는 이렇게 말했다』에서 인간을 가두고 있는 가장 높은 담벼락으로 "유일한 것, 완전한 것, 자기 충족적인 것, 그리고 불멸하는 것"을 제시한 바 있습니다. 즉 영원히 고정되어 있다는 믿음이야말로 인간의 자유를 가로막고 옥죄는 근원이라고 보았던 겁니다. 그런 이유로 그는 인간에게 제한된 자유만을 허락하는 단단한 담벼락을 망치로 부수겠다고 선언했으며, 신까지도 부정하기에 이르렀습니다. 그는 신의 영원불멸성이나 인간의 본성에 대한 결정론적인 맹신이 우리를 체념하게 하고 수동적으로 만드는 결정적인 이유라고 보았습니다. 영원불멸을 믿는 자는 불멸하는 것만을 숭배하고 변화하는 것을 경멸하기 때문에 삶에서의 쾌락, 사랑, 우정, 기쁨, 열정 같은 것들을 당연히 무시하게 된다는 겁니다.

그렇다면 영원불멸을 대체하는 세계관은 무엇일까요? 니체는 존재의 수레바퀴는 영원히 돌고 도는 것이므로 큰 것이나 작은 것이나 동일한 생명으로 다시 돌아온다는 영원회귀의 세계관을 주장합니다. 영원회귀란 글자 그대로 해석하면 영원히 반복된다는 말입니다. 만일 우리의 행동이 10만 년 주기로 반복된다면 10간 년 뒤, 다시 10만 년 뒤 여전히 똑같이 반복될 수 있다는 말입니다. 다시 말해, 우리가 지금 행하는 모든 행동이 훗날 완벽히 동일하게 반복될 수 있다는 겁니다. 생각만으로도 참 가슴 아픈 말이 아닐 수 없습니다.

우리는 현재의 고통을 감내하면 반드시 큰 성취감으로 대가가 돌아올 것이라고 믿는 경향이 있습니다. 이러한 통념은 직장이나 거래처에서 비굴하게 행동하는 것을 정당화합니다. 그 행동이 훗날 승진과 거래 성사라는 적당한 보상으로 돌아온다고 여기기 때문입니다. 영원회귀의 세계관은 순간의 고통과 비굴을 참고 견디면 행복한 미래가 돌아온다는 통념에 대해 따끔한 충고를 던집니다. 우리는 일시적으로 굴욕과 비겁을 선택한다고 착각하지만 그것은 다시 반복되고 사실상 영원히 점철되어 우리를 떠나지 않는다는 겁니다. 과거와 현재의 비겁했던 행동들이 끊임없이 반복되는 비극적인 미래만이 우리를 기다리게 된다는 것입니다.

만일 니체의 말이 사실이라면 우리는 과연 아무렇지 않게 굴욕과 비겁을 선택할 수 있을까요? 이처럼 니체는 영원회귀 사상으로서 우리에게 삶을 수단화하지 말라는 도덕적 강령을 제시하고 있습니다. "지금 인생을 다시 한 번 완전히 똑같이 살아도 좋다는 마음으로 살아라." 우리가 진정 자기 삶의 주인이 되어 당당하기를 원한다면 니체가 던진 이 말을 깊이 새겨야 할 것입니다.

(〈후회하지 않는 삶은 가능한가〉 인용)

페르소나와 맨얼굴의 균형 잡기

고대 로마의 배우들은 페르소나라는 가면을 쓴 채 연기를 했다고 합니다. 페르소나 안에 자신의 진짜 표정과 감정을 감춤으로써 기쁘거나 슬프거나 우스꽝스러운 연기를 보다 수월하게 할 수 있었던 겁니다. 그런데 페르소나는 단지 배우들에게만 유용한 도구는 아닙니다. 우리 역시 일상에서 페르소나라는 가면을 쓰고 살아갑니다. 만일 우리가 오랫동안 사귀었고 결혼까지 약속한 연인에게서 결별 통보를 받았다고 가정해봅시다. 그런 상황에서도 우리는 다음 날 아무 일 없는 것처럼 출근해서 동료들에게 인사하고 하루 일과를 보낼 것입니다. 적어도 한동안 사람들은 우리가 처한 상황을 전혀 알아차리지 못하겠죠. 이처럼 우리는 페르소나를 쓴 배우와 마찬가지로 삶이라는 무대 위에서 연기를 하고 있습니다. 그런 점에서 "삶이란 연극에 불과하다"라고 말한 철학자 에픽테토스의 말에 귀를 기울이게 됩니다.

에픽테토스는 우리는 태어나기도 전에 신에 의해 우리가 연기해야 할 배역을 배정받았다고 말합니다. 그러므로 지금 왕이 되었다고 해서 기뻐할 것도 없고 거지가 되었다고 해서 슬퍼할 것도 없다는 겁니다. 삶이라는 연극에서 각자가 맡은 역할에 충실하고 세상을 떠나면 그뿐, 자신이 맡은 배역에 슬퍼하거나 기뻐할 이유가 없다는 말입니다. 그의 말처럼 인간은 태어날 때 특정 사회를 선택할 수가 없습니다. 불특정한 사회에 던져져 살도록 운명 지어진 존재입니다. 처음부터 선택권이 없는 삶에서 불가피하게 수많은 페르소나를 쓰고 살아가야만 하는 것입니다. 페르소나로 자신의 맨얼굴을 감추면서 말입니다. 다행히도 에픽테토스는 우리에게 페르소나와 맨얼굴을 조화시키는 방법을 가르쳐줍니다. 그는 먼저 우리가 통제할 수 있는 것과 통제할 수 없는 것을 구분합니다. 우리의 믿음, 충동, 욕구, 혐오 등은 우리가 통제할 수 있는 맨얼굴에 해당하고, 우리의 육체, 소유물, 평판, 지위 등은 타인에 의해 평가되며 우리가 통저할 수 없는 페르소나임을 명확히 합니다. 또한 그는 우리가 이 두 가지 얼굴을 동시에 지니고 살아야 하는 운명이라고 말하면서, 맨 얼굴을 드러내야 할 때 페르소나를 보이거나 페르소나를 드러내야 할 때 맨얼굴을 보이는 오류를 저지르지 말라고 지적합니다.

어쩌면 이 두 가지 얼굴의 간극을 좁히는 것이 우리가 겪는 갈등과 고통에서 벗어나는 길일지도 모릅니다. 저 역시 이제부터라도 에픽테토스의 말에 따라 아름다운 맨얼굴과 건강한 페르소나를 갖는 방법에 대해 고민해야겠다는 생각을 해봅니다.

(〈페르소나와 맨얼굴〉 인용)

새로운 관점으로 세상 보기

칠레 출신의 마투라나라는 철학자가 있습니다. '관찰자는 모든 것의 원천'이라는 인지생물학 연구를 통해 철학적 사고를 심화시킨 사람인데요, 마투라나는 무언가를 보고 있다는 것이 모든 것의 출발이라고 말합니다. 관찰자가 있음으로 해서, 그리고 관찰자의 관찰에 의해서만 세계가 인식되고 존재한다는 것입니다. 이는 결국 관찰자의 수만큼 다양한 세계들이 존재한다는 말이 됩니다. 달리 말해, 우리는 모든 인간 혹은 모든 생명체가 동의할 수 있는 하나의 세계, '유일한 진짜 세계'를 소유할 수 없다는 말입니다. 즉 우리는 자신만의 관점에 사로잡힌 존재라는 겁니다. 이 말을 듣는 순간 저는 이러한 상황에서 탈출하는 방법이 무언지를 고민하게 되었습니다. 다행히 해답은 있었습니다.

　인간에게는 생물학적인 진화의 역사뿐만 아니라 인간의 상상력으로 만들어가는 문명의 역사가 동시에 존재합니다. 인간은 진화에 끌려 다니기만 하는 존재가 아니라 진화의 방향을 이끌 수도 있는 존재입니다. 저자는 안경을 예로 들고 있습니다. 우리는 안경을 벗었을 때 흐릿한 세계를 보다가 안경을 착용했을 때 선명한 세계를 봅니다. 안경을 통해 우리의 관점을 변화시키고 인식률을 높이는 겁니다. 다시 말해, 안경에 가미된 광학 기술이 일상적 경험을 근본적으로 낯설게 하여 깨달음을 주고 새로운 세계를 낳은 것이라고 볼 수 있습니다. 이처럼 인간은 인식의 확장을 통해 새로운 역사를 탄생시켜 왔습니다. 자신만의 관점에 갇히지 않고 상상력과 희망을 통해 끊임없이 새로운 관점을 탄생시켜온 것입니다.

　그렇다면 그 원동력은 무엇일까요? 바로 인간이 모든 사물을 경이로운 눈으로 바라보았다는 점입니다. 창조적인 관찰을 거치는 동안 문명의 역사가 낡은 세계에서 새로운 세계로 역동적인 변화를 일으키게 된 것입니다. 저 역시도 우리가 자신만의 관점에 갇혀 있는 존재라는 점을 인정합니다. 다만 우리는 '안경'처럼 새로운 관점을 통해 세계를 새롭게 들여다보면서 그 영역을 확장할 수 있다는 사실을 잊어서는 안 됩니다. 이러한 진화 속에서는 어느 것이 진짜 세계이고 가짜 세계인지의 구분은 그리 중요하지 않을 것입니다. 우리가 상상력을 통해 이전의 관점과 다른 관점을 발견하고, 낯설고 신비로운 세계를 만끽할 수 있는 존재라는 점만이 중요합니다.

〈〈관점주의의 진실〉 인용〉

자신의 기쁨을 정당하게 추구하기

우리는 매일 많은 사람들과 마주칩니다. 일찍이 스피노자는 어떤 마주침이 우리를 뒤흔드는 진정한 마주침이라면 그것은 두 가지 감정을 유발한다고 말했습니다. 기쁨의 감정과 슬픔의 감정이 바로 그것입니다. 그는 또한 기쁨의 감정은 우리의 정신이 더 큰 완전성으로 옮겨가도록 해주고, 슬픔의 감정은 우리의 정신이 더 작은 완전성으로 옮겨가도록 해준다고 말합니다. 즉 마주침을 통해 기쁨을 느끼면 완전해지는 기분이 들고, 마주침을 통해 슬픔을 느끼면 불완전해지는 기분이 든다는 겁니다.

이처럼 기쁨의 감정은 우리를 유쾌하게 만들어줍니다. 반면, 슬픔의 감정은 우리를 고통스럽거나 우울하게 만듭니다. 그래서 인간의 정신은 더 큰 완전성을 추구하며 신체 활동을 증대시키는 기쁨의 감정을 추구하게 됩니다. 사랑하는 사람을 보고 싶고 그런 감정을 지속하려는 것은 기쁨을 추구하려는 본능 때문입니다. 이것이 스피노자가 역설하는 '완전성 추구를 위한 기쁨의 윤리학'입니다.

그러나 현대인은 공적인 생활에서 기쁨을 추구하기 어렵습니다. 생존과 생계를 위해 어쩔 수 없이 불행을 유도하는 슬픔의 마주침을 선택하고 마는 것입니다. 그러다 보니 가족이나 연인과의 관계에서만 겨우 작은 기쁨을 찾게 되고, 오락과 유흥에 빠져들어 일회성 기쁨에 익숙해지고 맙니다. 그러나 이런 것들은 인간의 완전성 추구를 위한 기쁨이 될 수는 없습니다. 그렇다면 우리는 어떻게 해야 할까요? 저자는 타인과의 관계에서 발생하는 자신의 감정을 외면하지 말고 정면으로 응시하라고 조언합니다. 그리고 어느 곳에서든 기쁨과 유쾌함을 추구해야 한다고 말합니다.

자신의 삶에 진실한 인간관계가 많다면 진정 기쁘고 보람 있는 인생이라 할 수 있을 것입니다. 저 역시도 모든 인간관계의 질은 시간과 노력에 비례한다고 믿습니다. 그러나 요즘과 같은 디지털 시대에는 많은 이들이 번거로운 인간관계를 피하고 있습니다. 짧은 만남과 헤어짐이 반복되며 끈끈한 관계를 지속하기가 쉽지 않습니다. 이런 상황에서는 감정의 파동을 주는 깊은 관계를 가꾸기가 어렵습니다. 스피노자가 오늘날의 상황을 본다면 이렇게 말할지도 모릅니다. "모든 고귀한 것은 힘들 뿐만 아니라 드물다"라고 말입니다.

(《기쁨의 윤리학》 인용)

모든 생명은 상처받는다

메를로 퐁티의 『휴머니즘과 폭력』에는 이런 말이 나옵니다. "우리가 신체를 가지고 있는 한 폭력은 숙명이다." 이 말에는 유한한 인간이 생명을 유지하기 위해 다른 생명을 파괴하는 것은 불가피하다는 가슴 아픈 인식이 담겨 있습니다. 여기서 말하는 '다른 생명'에는 동식물뿐만 아니라 나와 함께 사는 가족, 그리고 수많은 이웃들이 포함됩니다. 살아간다는 것은 결국 의식적이든 무의식적이든 누군가에게 폭력과 상처를 주는 것이라는 뜻입니다.

우리는 과연 이와 같은 숙명을 어떻게 받아들여야 할까요? 이에 대해 메를로 퐁티는 "아직 우리에게는 희망이 있다. 그래도 우리는 폭력의 종류를 선택할 수 있기 때문이다. 그리고 우리는 최소한의 폭력을 선택할 수 있다"라며 일말의 희망을 남겨둡니다. 그렇다면 우리가 '최소한의 폭력'만을 선택하기 위해서는 어떻게 해야 할까요? 저자는 타인이나 다른 생물체가 '상처받을 가능성'이 있는 연약한 존재라는 사실을 인식하는 것이 그 출발이라고 말합니다.

메를로 퐁티의 사상은 중국 송나라 시대의 유학자 정호의 고민과도 일치하는 면이 많습니다. '인간이 어떻게 하면 타자에 대한 감수성을 확보할 수 있을까?'라는 고민은 당시 중국 유학자들의 공통된 화두였습니다. 그 시절 정호는 자신의 선배인 주돈이가 창 앞의 잡초를 뽑지 않자 왜 잡초를 뽑지 않느냐고 묻습니다. 그러자 주돈이는 "내 뜻과 같기 때문이다"라고 답합니다. 그 이후 정호는 그 말을 평생의 화두로 삼습니다.

그러던 중 정호는 동양의학 서적을 보다가 '인(仁)'의 진정한 의미를 발견하게 됩니다. 신체가 마비되어 감각이 없는 상태를 '불인(不仁)'이라 일컫는데, 만일 내 다리가 마비되어 아무 감각도 느끼지 못한다면 그것은 나의 것이 아니라는 깨달음입니다. 다시 말해 고통에 빠진 사람에게서 그와 비슷한 고통을 느낀다면 그 고통 또한 나의 것이 된다는 말입니다. 즉 정호에게 인이란 고통을 공감하는 것이었습니다.

사실 홀로 생명을 이어가는 존재는 어디에도 없습니다. 원하든 원하지 않든 우리는 다른 사람들과 연결되어 있고 또한 다른 생명체와도 연결되어 있습니다. 정호의 생각은 맹자의 '측은지심'과도 일맥상통합니다. 정호는 제자들에게 자신의 신체뿐만 아니라 다른 생명체에게까지 공감을 확장할 것을 권고했습니다. 그는 '병아리'를 예로 들며 약한 타자는 위험에 노출되어 있는 존재라는 것을 인식하고 그들을 돌보아야 한다고 말합니다.

결국 정호는 주돈이의 "내 뜻과 같기 때문이다"라는 말이 다른 생명체와 타자의 고통을 자신의 고통으로 여긴다는 의미임을 깨달았습니다. 그것은 타인이 행복하면 나 역시 행복하며 타인이 불행하면 내게도 역시 그 불행이 전달된다는 공명의 이치였습니다. 이는 타인과 약자를 위해 최소한의 폭력을 행사해야 한다는 메를로 퐁티의 사상과도 그 맥을 같이 합니다.

정호의 사상과 통하는 또 하나의 특별한 감수성이 있습니다. 그것은 여성 철학자 이리가라이가 주목하는 여성적 감수성입니다. 이리가라이는 여성이 임신을 하면 10개월 동안 다른 생명체를 품게 되는데, 이때 여성은 그러한 생물학적 상황을 통해 타자와 공존하고 차이를 견디는 여성적 감수성을 기른다고 말합니다. 또한 남성적 문화가 차이를 배제하고 억압하려는 경향이 있다면, 여성적 문화는 차이를 견디고 포용하는 문화라는 점을 강조합니다. 세상에는 태어남과 태어나지 않음의 공존과, 살아 있음과 살아 있지 않음의 공존이 있는데, 이 모순된 공존에 접근하는 길이 타자와의 공존을 몸으로 직접 체험한 여성의 감수성에 있다고 보았던 겁니다.

대부분의 남성은 여성의 언어적 표현을 수다스러움이나 잔소리로 보는 경향이 있습니다. 특히 남성이 주체인 조직에서 여성의 언어는 경계의 대상이 되거나 중요하지 않은 것으로 취급되곤 합니다. 그래서 여성은 이러한 부적절한 상황을 타개하기 위해 새로운 표현을 찾아 나서곤 합니다. 이리가라이 역시 여성의 언어를 위해 부단한 노력을 기울였습니다. 물론 그녀의 노력을 단순히 여성의 언어를 만들기 위한 것만으로 여겨서는 안 될 것입니다. 이리가라이가 추구하는 여성적 언어는 남성과 여성이 공존하기 위한 언어이기 때문입니다. 남성이 여성의 감수성을 배우고, 여성이 자신만의 언어를 갖출 수 있도록 돕는 것이야말로 공존을 위한 최선의 선택이라는 생각입니다.

(〈살아 있는 모든 것에 대한 감수성〉〈여성적 감수성의 사회를 위해〉 인용)

웃음을 통해 자유로운 삶 찾기

움베르토 에코의 소설 『장미의 이름』은 수도사들의 연쇄살인사건을 다루고 있습니다. 이 책은 웃음이 불가능할 때 인간이 억압받는다는 사실을 분명하게 보여줍니다. 즉 자유로운 사회란 웃음이 허용된 사회라는 것입니다. 프랑스의 철학자 베르그송 역시 『웃음』이라는 작은 책에서 웃음의 혁명성을 명확하게 간파합니다. 그는 한 가지 사례를 통해 우리가 언제 웃는지를 정확히 알려줍니다.

여객선이 난파해 여행객이 바다에 빠진 상황에서 어느 세관원이 헌신적으로 구조 작업에 참여하게 됩니다. 여행객들을 구하고 난 뒤 물에 젖은 여행객에게 세관원이 말합니다. "혹시 뭐 신고하실 것이 없습니까?" 만약 상황에 유연하게 대처하는 세관원이었다면 "이제 안심하세요" 정도의 말을 건넸을 것입니다. 그런데 세관원은 그런 상황을 망각한 채 기계적으로 자신의 임무를 수행하려고 했던 겁니다.

이 사례를 통해 베르그송은 웃음을 다음과 같이 정의합니다. "자유스러운 활동성에 대립되는 자동주의, 이것이 결국 웃음이 강조하고 교정하려고 하는 결점이다." 인간의 활동은 유동적이고 역동적일 수밖에 없습니다. 그런데 세관원은 기계적이고 반복적인 행동을 보임으로써 웃음을 유발했던 것입니다. 위대한 희극인 찰리 채플린 또한 주어진 상황에 역동적으로 대응하지 못하고 자신이 익힌 행동만을 기계적으로 반복하는 인물들을 연기함으로써 웃음을 유발했습니다. 베르그송이 간파한 웃음의 논리를 직감적으로 알고 있었던 것입니다.

베르그송이 말하는 웃음이란 한마디로 '경직된 행동과 기계적인 행동에 대한 인간의 본능적인 저항'이라고 할 수 있습니다. 자동적이고 맹목적인 인간의 말과 행동을 교정하려는 힘이 웃음에 담겨 있다는 겁니다. 획일성이나 경직성이 우리를 억압하려 할 때 우리가 웃음으로 저항하는 것도 같은 이유일 것입니다. 웃음은 모든 인간이 유연하고 자유롭게 살아가는 사회를 지향합니다. 그렇다면 이제 우리의 삶이 기계적이고 획일적이지는 않은지 돌아봐야 할 때입니다.

(〈웃음이 가진 혁명성〉 인용)

이제 우리는 여러 철학자들의 목소리를 통해 삶의 의문들에 대한 진실과 마주하게 되었습니다. 니체를 통해 한순간이라도 후회하지 않는 삶을 살기를 소망하게 되었고, 에픽테토스를 만나 삶에서의 갈등을 정면으로 바라보고, 마투라나를 통해 우리의 관점이 지닌 한계와 극복 가능성에 대해 고민하게 되었으며, 스피노자의 조언으로 타인과의 기쁨의 관계에 충실해야 함을 깨달았습니다. 또한 정호와 이리가라이에게서 타자에 대한 감수성과 여성적 감수성을 배워 공존의 길을 모색해야 한다는 점을 이해했습니다. 마지막으로 베르그송의 이야기를 통해 웃음의 진정한 힘을 깨닫게 되었습니다. 이렇게 우리는 철학자들의 진실한 목소리를 통해 삶에 대한 아픈 조언과 불편한 소리를 들었습니다. 분명한 것은 강신주 박사의 진지한 숙고를 거쳐 전해진 철학자들의 이야기는 새로운 삶의 방식과 고통을 치유하는 근본적인 지침이 될 것이라는 점입니다. 그들이 전한 생생하고 정직한 목소리가 여러분의 삶의 현장에 울려 퍼질 수 있기를 바랍니다.

제 5 장

따뜻한 세상을 위한 아름다운 공존

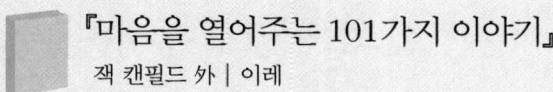
『마음을 열어주는 101가지 이야기』
잭 캔필드 外 | 이레

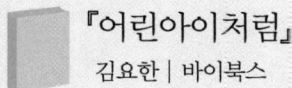
『어린아이처럼』
김요한 | 바이북스

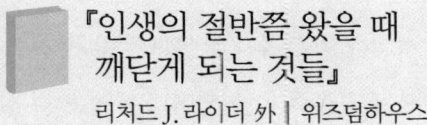
『인생의 절반쯤 왔을 때 깨닫게 되는 것들』
리처드 J. 라이더 外 | 위즈덤하우스

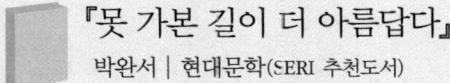
『못 가본 길이 더 아름답다』
박완서 | 현대문학(SERI 추천도서)

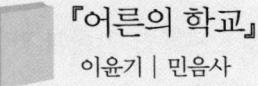
『어른의 학교』
이윤기 | 민음사

21. 삶의 전환점에서 만나는 인생수업

『마음을 열어주는 101가지 이야기』
잭 캔필드 外 | 이레

속도의 시대에 길들여진 현대인은 마치 경주마처럼 무작정 앞만 보고 질주하고 있습니다. 인생이 무작정 달리는 경주가 아님을 인정하면서도 치열한 생존경쟁에서 생각할 겨를 없이 달리고 있는 것입니다. 이렇게 줄기차게 달리다 보면 누구든지 걸림돌에 걸려 넘어지고, 때로는 힘겨운 언덕길을 끝없이 올라야 하는 상황에 맞닥뜨리게 됩니다. 바로 이때 우리는 인생의 전환점 앞에 놓인 것입니다. 이 전환점에서 어떤 자세를 취하는가에 따라 우리 인생이 새롭게 시작될 수 있습니다. 인생은 어느 때라도 새로운 시기가 열릴 수 있으니까요. 우리가 그것을 준비하고 있다면 말입니다. 비평가이자 시인인 폴 발레리는 "생각하고 살지 않으면 사는 대로 생각하게 된다"라고 말한 바 있습니다. 자신의 생각과 기준으로 삶을 살아가면 어떠한 상황에서도 자신을 책임질 수 있지만 그 반대의 경우에는 방황하는 삶이 된 당신이 스무 살이든 마흔 살이든 또는 예순 살이든, 당신이 성공한 사람이든 실패한 사람이든 또는 그 과정에 있는 사람이든, 당신의 어제가 태양으로 빛났든 폭풍이 불었든 또는 무덤덤한 그런 하루였든, 모든 아침은 당신에게 새로운 삶, 새로운 시도, 새로운 눈뜸의 시작이다. (스콧 펙의 말) ─본문 중에서

다는 것이며, 결국 자신의 삶에 책임질 줄 알아야 자신이 지니고 있는 것을 타인에게 나눌 수 있는 것이지요.

체조선수들의 아름다운 율동을 보며 감탄한 적이 있을 텐데요, 체조선수들의 율동은 굉장히 아름답지만 굉장히 비효율적이기도 합니다. 마찬가지로 자신의 삶을 아름답게 가꾸기 위해서는 때로는 비효율적이지만 자신을 들여다보는 시간이 필요한 것입니다. 이제부터라도 우리가 잃어버린 사랑과 우정의 시간을 되찾아야만 합니다. 이 오래된 책에서 발견한 보물 같은 이야기들에는 기쁨이 가득합니다. 이 책에서 우리에게 공존의 기쁨을 주는 사랑과 우정의 이야기를 들려 드리겠습니다.

천국과 지옥은 마음속에

가장 먼저 기억해야 할 것이 있습니다. 그건 바로 우리 삶의 만족의 근원이 물리적 환경이 아니라 삶에 대한 관점에 있다는 겁니다. 다음 이야기는 삶에 대한 관점에 따라 천국과 지옥을 오갈 수 있다는 점을 잘 보여줍니다.

한 늙은 선승이 길가에 앉아 있었습니다. 눈을 감고, 가부좌를 틀고, 두 손을 무릎에 올려놓은 채 선승은 깊은 명상에 잠겨 있었습니다. 그런데 갑자기 그의 참선을 방해하는 사무라이의 거칠고 위압적인 목소리가 들려왔습니다. "이봐요, 늙은이! 천국과 지옥이 무엇인지 말해보시오!"

처음에 선승은 아무 말도 들리지 않는 듯 반응을 보이지 않았습니다. 하지만 거듭되는 사무라이의 고함소리에 천천히 눈을 뜨고는 자기 앞에 서 있는 사무라이를 쳐다보며 보일 듯 말 듯 미소를 지었습니다. 사무라이는 참을성을 잃고 더욱 기세등등하게 선승을 다그쳤습니다.

"어서 말해보시오! 천국과 지옥이 무엇이오?" 마침내 선승이 대답했습니다. "천국과 지옥의 비밀을 알고 싶단 말이지? 그토록 지저분한 몰골을 한 그대가, 손과 발에 잔뜩 때가 끼고 머리도 빗지 않고 더러운 숨을 내쉬고 게다가 완전히 녹슬어 호박도 자르지 못할 형편없는 칼을 들고 있는 그대가, 못생긴 얼굴에 어머니가 우스운 옷을 입혀놓은 그대가, 그런 그대가 지금 내게 천국과 지옥에 대해 묻는 것인가?"

이 말을 들은 사무라이는 입에 담을 수도 없는 험악한 저주의 말을 내뱉었습니다. 그리고 칼을 뽑아 선승의 머리 위로 치켜들었습니다. 그가 선승의 목을 치려고 눈을 부라리는 동안 그의 얼굴은 새빨개지고, 목에는 핏줄이 불거졌습니다. 칼이 막 아래로 내려쳐지는 순간 선승이 부드럽게 말했습니다. "이게 바로 지옥이오."

찰나와도 같은 순간, 사무라이는 자신에게 가르침을 주기 위해 생명까지 과감히 내던지려 한 이 평화로운 존재에 대해 놀라움과 경외심, 자비와 사랑의 감정이 한꺼번에 솟아올랐습니다. 사무라이는 허공에서 칼을 멈추었고, 그의 눈에서는 감사의 눈물이 흘러내렸습니다. 그러자 선승이 말했습니다. "이것이 바로 천국이오."

공존을 위한 첫 번째 법칙

공존이란 말은 서로 도와서 함께 존재한다는 의미를 갖고 있습니다. 만약 우리가 날개를 한쪽만 가진 새라면 서로를 껴안을 때에 비로소 하늘을 날 수 있을 겁니다. 그러나 자신의 한쪽 날개로 상대의 무게를 감당하는 것은 쉬운 일이 아닙니다. 그 어려운 관계를 수월하게 해결해주는 기술이 있습니다. 그중 첫 번째는 타인에 대한 '배려와 친절'입니다. 중국 속담에 이런 말이 있습니다. "한 시간의 행복을 원하면 낮잠을 자라. 하루의 행복을 원하면 낚시를 가라. 한 달의 행복을 원하면 결혼을 하고, 1년의 행복을 원하면 재산을 물려받아라. 하지만 평생의 행복을 원한다면 다른 사람의 기분을 좋게 만들어라."

미국에 장사가 잘 되기로 유명한 주유소가 있었습니다. 어찌나 장사가 잘 되던지 한참이나 떨어져 있는 워싱턴어까지 소문이 나서 그

지역의 상인들이 비결을 배우기 위해 사람들을 파견했을 정도였습니다. 소문난 주유소의 주인인 샘이 밝힌 비결은 바로 '친절'이었습니다. 비결치고는 너무도 뻔했지만 샘의 친절은 조금 달랐습니다. 그의 친절은 주유소가 더 잘 되기 위해서 베푼 것이 아니기 때문입니다. 몇 해 전 겨울, 집 앞의 눈을 치우는 게 힘들었던 샘은 제설차를 한 대 구입했습니다. 때마침 마을에 큰 눈이 내렸고 샘은 제설차의 성능을 시험할 겸 마당의 눈을 치웠습니다. 눈을 거의 다 치웠을 무렵 이웃집 남자가 눈 때문에 차고에서 나오지 못하는 모습을 보게 되었습니다. 눈을 치우는 김에 샘은 그 이웃의 차고 앞 눈을 치워주었고 내친김에 온 마을의 눈을 깨끗하게 치워버렸습니다. 마을의 눈을 모두 치우고 난 뒤 샘은 남을 돕는 기쁨을 느꼈고 이후로도 남에게 도움을 주기 위해 노력했습니다. 눈이 오면 언제나 마을 전체의 눈을 치웠고, 고민 있는 사람이 있다면 장사를 제치고라도 달려가서 함께 고민해 주었습니다. 사람들은 작은 일이라도 부탁할 것이 생기면 모두 샘에게 달려왔고 샘은 언제나 그들을 반갑게 맞아 주었습니다. 마을 사람들이 주유를 어디서 할 것인지는 너무도 분명한 일이었습니다.

샘은 장사를 위해서 친절을 베풀지 않았고 친절, 그 자체를 위해서 남을 도왔습니다. 샘의 친절은 사람들에게 도움을 주었고 돈도 잘 벌게 해주었지만 무엇보다도 그렇게 함으로써 샘은 보람을 느낄 수 있었습니다. 샘이 베푼 배려와 친절은 마을 사람들을 행복하게 했고 모두가 공존할 수 있는 바탕이 되었습니다.

공존을 위한 두 번째 법칙

공존을 위한 두 번째 법칙은 '경청(傾聽)'입니다. '이청득심(以聽得心)'이라는 말이 있습니다. 귀를 기울여서 경청하는 것은 사람의 마음을 얻는 최고의 지혜라는 뜻입니다. 상대방을 알기 위해서는 상대방의 소리를 듣고 이해할 수 있어야 합니다. 자신의 속마음을 알아주는 친구를 '지음(知音)'이라고 하는 것도 그런 이유입니다.

톨스토이는 "내가 이해하는 모든 것은 내가 사랑했기 때문에 이해한 것이다"라고 말했습니다. 즉 누군가를 이해하기 위해서는 진실한 마음과 애정이 있어야만 합니다. 우리가 마음의 문을 열고 들으려고만 한다면 사람들은 언제나 말할 준비가 되어 있습니다. 그리고 타인을 진정으로 받아들이기 위해서는 무엇보다 자신의 편견과 고집을 비우는 빈 마음이 필요합니다. 서로의 이야기를 들어주는 것은 상대를 이해하기 위해 할 수 있는 가장 손쉽고 효과적인 방법입니다. 이해의 문이 열리면 모두가 함께 사는 공존의 문도 열립니다.

공존을 위한 세 번째 법칙

공존을 위한 세 번째 법칙은 '공명(共鳴)'입니다. 어떤 모임에서 폴란드의 바르샤바를 여행하게 되었습니다. 가이드는 뜻밖의 장소를 방문하고 싶다는 여행자들의 요청을 받아들여 여성 환자들을 수용하는 한 병원으로 그들을 데려갔습니다. 그 병원에는 올가라는 이름의 여성 환자가 있었습니다. 58세의 그 여성은 한때 병원 의사였는데 지난 8년간 침대 밖으로 나오는 것을 거부한 채 혼자 앉아만 있다고 했습니다. 그녀는 사랑하는 남편을 잃은 뒤 삶에 대한 의욕을 완전히 상실하고 달리는 열차에 몸을 던졌다가 목숨 대신 두 다리를 잃었다고 했습니다. 여행자 중 한 사람이 그 가슴 아픈 사연을 듣고 자신도 모르게 무릎을 꿇고 앉아 뭉툭하게 잘려나간 그녀의 다리에 입을 맞추었습니다. 그 입맞춤에는 그녀가 상처를 치유하고 다시 환자들을 치유할 수 있기를 바라는 마음이 담겨 있었습니다. 얼마 후 병실 안에 있던 모든 사람들이 울기 시작했고 그녀의 얼굴도 점차 밝게 빛나기 시작했습니다. 결국 그녀는 8년 만에 스스로 침대에서 내려왔습니다. 여행자의 진심 어린 행동이 그녀의 마음에 전달되어 공명했기 때문입니다.

공명의 힘을 증명하는 불가사의한 이야기가 하나 더 있습니다. 독일의 의사 중에 환자의 혈액을 보존하고 있는 사람이 있었습니다. 혈액을 보면 그 사람이 어떤 병에 걸렸는지 금방 알 수 있기 때문이었습니다. 혈액은 밀폐해서 보존하고 있었으므로 성분이 변하는 일은 있을 수 없었습니다. 그런데 2년 후 무슨 이유 때문인지 혈액 성분에 변화가 나타났습니다. 그것도 신기하게 2년 전에 채취한 환자의 현재의 혈액상태로 변해 있었던 것입니다. 즉 2년 전에 어떤 병에 걸렸던 사람이 지금 건강을 다시 회복하게 되면 병에 걸렸을 때 보관했던 2년 전 혈액까지도 건강한 혈액으로 바뀐다는 것입니다. 채혈해서 보존하고 있던 혈액 성분이 혈액 주인의 건강 상태에 따라서 맘대로 변한다는 것입니다. 당연히 의사는 처음에 그 사실을 믿기 어려웠습니다. 하지만 2000명이나 되는 환자의 임상실험을 통해서 사실을 확인하고, 독일에서 논문을 발표했다고 합니다. 정말 놀라운 일이 아닐 수 없습니다. 이처럼 우리 삶에서는 과학의 힘으로 설명이 불가능한 현상이 일어나곤 합니다. 그러므로 우리들은 보이지 않지만 공명하고 있기에 마음만 먹으면 모두가 행복을 공명할 수 있을 것입니다.

    그 밖에도 이 책에는 인생의 희로애락을 여유와 웃음으로 넘기는 데 필요한 귀중한 지혜가 많이 담겨 있습니다. 단순하지만 명확한 지혜들을 가슴 깊이 간직하고 실천한다면 우리 모두가 공존하며 행복할 수 있는 날이 올 거라고 믿습니다, 이제 톨스토이의 말을 전하면서 우리가 약속해야 할 공존의 이야기를 마치려 합니다. "나 자신의 삶은 물론 다른 사람의 삶을 삶답게 만들기 위해 끊임없이 정성을 다하고 마음을 다하는 것처럼 아름다운 일은 없습니다."

22. 어른의 주머니를 비우자

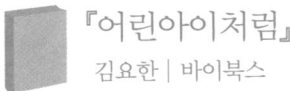
『어린아이처럼』
김요한 | 바이북스

순수했던 어린 시절을 기억하시나요? 지금 초등학교 4학년이 된 아들이 쉴 틈 없이 얘기하고 질문하는 모습을 보면 저도 어렸을 때가 생각나곤 합니다. 그때는 뭐가 그렇게 궁금했는지 이것저것 물어보느라 어른들을 귀찮게 하곤 했죠. 세상 모든 게 신기해서 작고 사소한 것에도 눈길을 주고 귀를 기울였습니다. 그런데 지금은 어떤가요? 세상에서 들려오는 수많은 소리들에 그저 침묵으로 응답하고 있습니다. 어른이 되면서 호기심을 무관심으로 바꾸는 방법을 배운 겁니다.

물론 어른이 되어서도 경쟁에 필요한 지적 호기심은 진화합니다. 하지만 세상과 타인에 대한 순수한 관심은 퇴보하기 마련입니다. 즉 내 일이 아니면 별 관심을 갖지 않게 됩니다. 그래선지 실력과 인간미를 모두 갖춘 사람을 만나는 건 굉장히 어려운 일입니다. 만약 어른이 되어서도 어린아이와 같은 마음을 간직하고 살아간다면 어떨까

어른들은 어제 있었던 일 때문에 현재에 집중하지 못하고 내일의 염려로 오늘의 소중함을 놓친다. 어린아이와 같은 마음의 소유자가 되기까진 반드시 무언가를 내려놓고 포기해야 한다. 그럴 수 있다면 우리는 어린아이처럼 많은 것들을 누리고 배울 수 있다.

— 본문 중에서

요? 그렇게 할 수 있다면 어린아이의 일상이 그렇듯 우리 인생도 끝까지 재미있는 무언가가 되지 않을까요? 세상을 있는 그대로 보고 듣는 이들, 어린아이의 솔직한 삶에서 세상을 살아가는 교훈을 얻고자 합니다.

어린아이처럼 생각하기

어른의 주머니를 비우기 위해 먼저 해야 하는 것은 어린아이처럼 생각하는 겁니다. 아이들의 순간 집중력은 정말 놀라울 정도입니다. 단순해서 그런지 몰라도 여러 가지를 동시에 생각하지 못하고 오로지 눈앞에 주어진 일에만 집중하는 모습을 볼 수 있는데요, 그럴 때는 옆에서 누가 꼬집어도 모를 것만 같거든요. 또한 아이들은 어제의 기억이나 내일의 걱정 속에 살기보다는 바로 지금 이 순간을 사는 것처럼 보입니다. 아이들은 '현재 이 순간에 충실하라'는 키팅 선생님의 가르침을 이미 실행하고 있습니다. 놀이터나 바닷가에서 친구들과 놀 때 아이들의 머릿속에 어제와 내일은 없습니다. 어제 있었던 일로 좌절하고, 내일 일어날 일로 염려하는 우리와는 완전히 다른 모습이죠.

꽃 심으면 안 필까 걱정하고 꽃 피면 또 질까 걱정하네
피고 짐이 모두 시름겨우니 꽃 심는 즐거움 알지 못해라

고려시대의 문인 이규보의 시구입니다. 일상 속의 크고 작은 걱정거리에 시달리느라 사는 재미를 놓치고 있는 우리의 모습을 보는 것만 같은데요, 미국의 래리 하인이라는 작가는 "성인이 되기를 포기하라. 그것이 모두를 위해 훨씬 유익하다"고 말하기도 했습니다. 즉 어린아이가 되기 위해서는 성인인 우리가 붙들고 있는 무언가를 포기해야 합니다. 인정받고자 하는 욕구, 이루고자 하는 욕구에서 자유로워지면 어린아이처럼 많은 것을 누리고 배울 수 있습니다.

영국의 일간지 《더 타임스》가 '가장 행복한 사람'에 대한 정의를 공모한 적이 있는데, 그 결과가 재밌습니다. 1위는 '모래성을 막 완성한 아이', 2위는 '아기의 목욕을 다 시키고 난 어머니', 3위는 '세밀한 공예품 장을 다 짜고 나서 휘파람을 부는 목공'이었다고 합니다. 행복이라는 게 크고 거창한 게 아니라 지금 내 곁에서 일어나고 있는 작고 사소한 일이라는 점을 보여주는 대목입니다.

아이들의 사고방식에서 주목할 만한 특징은 그밖에도 많습니다. 그중 하나는 단순성입니다. 학교 숙제를 곧잘 빼먹던 아들이 어느 날

엄마의 불심검문에 걸려서 매를 맞게 됩니다. 엄마가 "뭘 잘못해서 맞는지 알아?"라고 묻자 아들은 "엄마에게 운 나쁘게 들켜서"라고 말합니다. 모든 사태를 운으로 돌리는 그 단순성이 부럽기도 합니다. 또한 아이들에게는 상상력이라는 엄청난 무기가 있습니다. 아이들의 상상 속에서 불가능이란 없습니다. 아이들에 비해 어른들의 상상력이 부족한 이유는 상식을 뒤집지 못하기 때문입니다. 아이들은 상식이 부족해서 황당한 일을 만들기도 하지만 전혀 다른 방식으로 문제를 해결하는 유연함을 보여주기도 합니다. 그리고 아주 작은 것에도 흥미를 갖습니다. 어른들이 아이들 노는 걸 보고 '혼자 잘 논다'고 말하는 건 그냥 하는 말이 아닙니다. 싫증을 잘 내는 어른들과 달리 아이들은 사소한 일상 속에서도 보물을 찾아내는 능력이 있고 그걸로 온종일 놀 수 있습니다.

어린아이처럼 말하기

어린아이처럼 말하는 것 역시 중요합니다. 그들이 말하는 방식을 보면 몇 가지 특징을 발견할 수 있습니다. 우선 질문이 굉장히 많은데요, 아이들의 눈으로 세상을 바라보면 주변이 얼마나 놀랍고 감동적일지 짐작이 됩니다. 반대로 우리는 나이 들수록 호기심이 줄어들면서 더 이상 질문을 하지 않게 되었습니다. 자기가 모른다는 사실을 들키고 싶지 않기 때문입니다. 하지만 아이들은 질문을 통해 더 많은 것을 배우고 성장할 수 있다는 것을 본능적으로 알고 있습니다.

   아이들은 굉장히 솔직하게 말하는 것으로도 유명합니다. 어른이 되고 나서도 솔직한 사람을 만나면 마음이 열리고 끌리기 마련입니다. 저자는 오래전 미국 컴벌랜드 대학의 총장이 한국에 왔을 때 통역을 도운 적이 있는데, 그의 프로필을 읽다가 적지 않은 충격을 받았다고 합니다. 그 프로필은 일반적인 것과는 큰 차이가 있었습니다. 먼저 출생지와 태어난 날, 배우자에 대한 간략한 소개가 있고 그 뒤에 자녀에 대한 내용이 기재되었습니다. 제임스 테일러 2세라는 아들의 이름 옆에는 1991년 5월 20일에 사망했다는 기록까지 적혀 있었습니다. 그리고 이어지는 내용이 총장의 학력과 경력이었습니다. 학력이나 경력을 먼저 드러내길 좋아하는 우리 사회의 풍토와는 완전히 다른 현상입니다. 테일러 총장에게 학력이나 경력은 삶의 아주 작은 부분일 뿐, 중요한 것은 자신의 출생과 가족 사항을 알리는 것이었습니다. 거기에 아들의 죽음까지 서슴없이 소개된 그의 프로필이 저자에게 깊은 인상을 준 것입니다. 아마도 테일러 총장은 어린아이처럼 솔직한 마음을 가진 어른인지도 모른다는 생각이 듭니다.

솔직함은 겉과 속이 같다는 것을 의미하며, 그 역시 아이들의 특징이기도 합니다. 아이들은 속으로 생각한 걸 그대로 말합니다. 본 것이나 들은 것을 여과 없이 말해버리는 그들의 모습은 가끔 냉정해보이기도 합니다. 아이들에게는 남을 속이려는 의도가 없는 것처럼 남을 배려하려는 생각 역시 없는 경우가 많으니까요. 또한 아이들은 자신의 감정을 숨기지도 않습니다. 특히 남에게 눈물을 보이는 걸 부끄러워하지 않습니다. 무서울 때는 무섭다고 울고, 슬플 때는 슬프다고 웁니다. 뿐만 아니라 체면과 예의를 차리는 것에도 익숙하지 않아서 싫고 좋음을 분명하게 표현합니다. 어른이 되면 불편한 상황을 피하기 위해서라도 싫은 내색을 하지 않게 되는데요, 오히려 확실하지 않은 의사 표현이 상대에게 오해를 불러일으키는 경우도 많습니다. 그런데 아이들은 그럴 일이 전혀 없습니다. 이 얼마나 편리한 대화법인지요.

어린아이처럼 행동하기

아이들의 행동을 주의 깊게 살펴보면 조급해하지 않는다는 것을 알 수 있습니다. 반면 다양한 역할을 수행해야 하는 어른의 삶은 굉장히 빠르고 급합니다. 한국에 일하러 온 외국인 노동자들이 가장 먼저 배우는 말이 '빨리빨리'라고 합니다. 그만큼 우리는 모든 것을 빨리 처리하는 것에 길들여져 있는데요, 히말라야 산맥의 산길을 오가는 '다지어링 히말라야 특급열차'에는 다음과 같은 글귀가 적혀 있다고 합니다. "slow(천천히)는 네 개의 철자로 되어 있고 life(삶)도 그렇다. speed(속도)는 다섯 개의 철자로 되어 있고 death(죽음)도 그렇다." 생사가 갈리기도 하는 험준한 산맥에서 만나는 짧은 문장이 의미심장합니다.

미쉐린은 타이어뿐만 아니라 지도로도 유명한 회사인데요, 이 회사의 사하라 사막 지도는 천천히 갈 때만 오아시스를 발견할 수 있다는 사실을 가르쳐 주고 있습니다. 빠르게 살면 남보다 더 많은 것을 누릴 것 같지만 정작 중요한 것을 놓칠 수 있습니다. 느리게 살면 주변의 것들을 충분히 감상하면서 보다 안전하게 목적지에 도착할 수 있습니다. 한 아버지와 아들이 며칠째 사막을 걷고 있었습니다. 사막이 끝없이 펼쳐지자 아들은 계속 시계만 들여다보며 "과연 사막을 벗어날 수 있을까요?" 하고 불평을 늘어놓았습니다. 그래도 아버지는 나침반을 보며 묵묵히 걸었습니다. 그렇게 부자는 여러 날을 걷다가 무사히 목적지에 도착했습니다. 그러자 아버지가 말했습니다. "시간보다 더 중요한 건 방향이라는 사실을 잊지 말아라." 빠르게 달린다고 해서 목적지에 일찍 도착한다는 법은 없습니다. 방향을 살피면서 가지 않으면 길을 잃고 헤맬 수 있다는 걸 명심해야 합니다.

레이첼 레멘은 그녀의 책 『그대 만난 뒤 삶에 눈떴네』에서 멈춤에 대해 다음과 같이 표현하고 있습니다. "인생은 우리에게 쉬지 말고 길을 가라고 재촉하지만, 우리에게는 멈추어 쉬는 시간이 필요하다. 평소에 멈추어 서서 삶을 되돌아볼 만큼 여유를 지닌 사람은 거의 없다. 그런데 전혀 예상치 않았던 어떤 일이 일어났을 때, 갑자기 병이 찾아왔거나 어려움이 닥쳐왔을 때, 우리는 가던 길을 멈추고 인생이라는 식탁에 둘러앉아 이야기를 나눌 시간을 갖게 된다." 방향을 살피며 걷는 것만큼이나 멈춰서 쉬는 것 역시 중요하다는 말입니다.

아이들의 행동에서 자주 발견되는 또 하나의 특징은 자주 웃는다는 것입니다. 저 역시도 평소 아이들과 시간을 보내다 보면 웃을 일이 많이 생기는데요, 웃음 전문가들은 하루 15분을 웃으면 수명이 이틀가량 연장되고, 하루 45초를 웃으면 고혈압과 스트레스가 물러간다고 말합니다. 놀라운 점은 어린아이는 하루 평균 200~300번을 웃는 반면 성인은 불과 서너 번 웃는 것에 그친다는 겁니다. 아이들에게는 당연하고 자연스러운 웃음이 어른들에게는 부자연스럽고 낯선 행위라는 거죠. 남자들보다 여자들이 오래 사는 이유가 여자들이 비교적 잘 웃기 때문이라는 말도 있습니다. 메릴랜드 의과대학 연구팀이 발표한 자료를 보면 웃음은 스트레스로 인해 수축된 혈관을 팽창

시켜서 혈액 순환을 원활하게 하고 신진대사를 활성화한다고 합니다. 또 즐겁고 행복한 웃음은 해로운 호르몬의 분비를 감소시키고 유익한 호르몬의 분비를 증가시킨다는 연구 결과도 있습니다. 무엇보다 중요한 것은 웃음이 있는 가정에는 행복이 깃든다는 점입니다.

어른이 되면 놀이에 시간을 투자하는 게 쉽지 않습니다. 반면 아이들에게는 삶 자체가 놀이입니다. 아이들은 특별한 계획 없이도 잘 놀고 끊임없이 새로운 놀이를 만들어 냅니다. 기독교 사상가인 루이스는 『예기치 못한 기쁨』에서 "놀이의 힘은 삶의 자리에서 우리를 '들어올리는' 데에 있다. 반대로 놀이가 전혀 없다면 우리의 발걸음은 그만큼 무겁게 느껴질 수밖에 없다"라는 말로 놀이의 힘을 이야기합니다. 즉 놀이는 우리의 일을 보다 효율적으로 만들고 새롭게 창조할 수 있는 에너지를 줍니다. 20세기 최대의 지휘자 토스카니니는 음악 연주에서 쉼표는 음표보다 더 중요한 역할을 한다고 역설한 바 있습니다. 쉼표를 잘 다스리는 연주가가 결국 최고의 연주를 만들어 낸다는 겁니다. 일도 좋지만 가끔은 우리 아이들처럼 노는 것에 열중해보는 것도 좋겠다는 생각입니다.

아이들의 삶에는 넘어지면서 배운다는 성장의 법칙이 있습니다. 저자는 새로운 일을 시작할 엄두를 내지 못하는 어른들에게 자전거를 배우는 아이의 모습을 보라고 말합니다. 아이들은 수차례 넘어지고 전봇대를 들이받아도 도전에 도전을 거듭해서 결국 자전거를 정복합니다. 실패한 만큼 배우고 성장할 수 있다는 것을 보여주는 겁니다. 농구 황제 마이클 조던은 이렇게 말합니다. "선수 생활을 통틀어 거의 300게임에서 패배를 기록했다. 그중 26번은 다 이긴 게임이었는데 나의 마지막 숯이 들어가지 않아서 졌다. 나는 살아오면서 수많은 실패를 경험했다. 그러나 이것이 바로 내가 성공할 수 있었던 진짜 이유다." 자신의 분야에서 성공한 사람들의 공통점은 실수를 거듭하면서도 포기하지 않고 배우고 도전하기를 멈추지 않았다는 점입니다.

어린아이처럼 사랑하기

지금까지 아이들의 생각과 말과 행동을 배웠습니다. 마지막으로 우정과 사랑에 대한 아이들의 태도를 알아보겠습니다.

　어른들은 여행을 갈 때 커다란 짐 가방을 준비하곤 합니다. 며칠 되지 않는 일정임에도 온갖 짐을 우겨넣기 바쁩니다. 반면 아이들은 뭔가를 들고 가는 것을 싫어하기 때문에 짐이 무척 간소합니다. 심리학자들은 어떤 사물에 지나치게 얽매이게 되면 자유를 잃게 된다고 말합니다. 어른들은 여행을 떠날 때도 어깨와 등에 진 짐 때문에 여행의 자유를 충분히 만끽하지 못합니다. 하지만 아이들은 두 손 두 발이 가벼워서 신나게 뛰어다닙니다. 오늘도 버릴 것을 버리지 못해 인생을 무겁게 만들고 있지는 않은지 생각해볼 일입니다. 움켜진 것들을 비우고 나눌 때 삶은 더 넉넉해집니다.

　친구 관계를 살펴보면 아이들의 열정을 알 수 있습니다. 친구를 향한 아이들의 열정은 헌신적이기까지 합니다. 어른들의 인간관계에 복잡하고 까다로운 계산이 앞서는 것과 달리 아이들에게는 서로의 마음이 통하는 것만이 중요합니다. 일단 마음이 통하면 자기 것을 다 줄 수도 있으며 반대급부를 바라지도 않습니다. 친구의 잘못이나 허물을 아무렇지 않게 덮어주기도 합니다. 또한 남을 쉽게 믿으며 남의 잘못을 용서하는 것도 잘합니다. 정확히는 금방 잊어버린다고 하는 게 맞을 겁니다. 하지만 그런 특성 때문에 아이들의 마음은 어른보다 건강합니다.

이 책을 읽으며 아이들처럼 살 수 있다면 얼마나 좋을까 하는 생각을 여러 번 했습니다. 성경에도 이런 말이 있습니다. "누구든지 하나님의 나라를 어린아이와 같이 받아들이지 않는 자는 결단코 거기 들어가지 못하리라." 아이들이야말로 우리 어른들 모두가 본받아야 하는 롤모델이 아닌가 싶습니다.

23. 너무 많은 인생의 짐

『인생의 절반쯤 왔을 때 깨닫게 되는 것들』
리처드 J. 라이더 外 | 위즈덤하우스

무더운 여름이 끝나고 문득 시원한 바람이 뺨을 스치면 그립던 옛사람을 만난 것처럼 반가운 마음이 듭니다. 가을이 오면 모든 익어가는 것들은 가장 아름다운 모양과 빛깔을 드러내며 미련 없이 가지를 비우고 떨어집니다. 그토록 붉게 물들던 나뭇잎도 황홀하게 타오르다가 생의 절정을 마감하고 뿌리와 흙으로 다시 돌아갑니다. 자연이 가을을 맞이하듯 우리에게도 인생의 가방에 가득 채웠던 짐을 하나씩 풀어놓아야 하는 순간이 옵니다.

우리의 인생 가방 안에는 정말로 많은 짐이 들어 있습니다. 가끔은 너무 무거워서 내려놓고 싶을 때도 있지만 생각처럼 쉽게 내려놓을 수 없는 짐들이죠. 그런데 그 짐들 때문에 정작 중요한 것들을 놓치고 사는지도 모릅니다. 세상의 많은 다툼과 혼란은 우리에게 필요한 것이 얼마나 적은지 알지 못하는 데서 옵니다. 실제로는 필요하지 않아프리카를 탐험할 때는 다들 무엇을 갖고 가야 하는지 잘 알고 있다. 하지만 무엇을 두고 가야 하는지에 대해서는 말문이 막혀버린다. 한 가지 요령이 있다면 가져갈 것과 두고 갈 것 사이의 균형을 이루어 필요한 것은 모두 가져간 다음 아낌없이 몽땅 써버리는 것이다.

—본문 중에서

은데도 필요하다고 여기고 가지려고만 하는 것들 말입니다.

여기서 스위스의 심리학자 칼 융의 말에 귀 기울일 필요가 있습니다. "인생의 아침 프로그램에 따라 인생의 오후를 살 수는 없다. 아침에는 위대했던 것들이 오후에는 보잘것없어지고, 아침에 진리였던 것이 오후에는 거짓이 될 수 있기 때문이다." 우리 모두는 언젠가는 인생의 오후에 도착합니다. 그 오후에 진정 자신이 원하는 삶으로 살았다는 것을 온전히 느낄 수 있음은 오직 자신의 가방을 비우려는 선택에 달렸습니다.

짐 내려놓기

저자는 열여덟 살 때 캐나다로 배낭여행을 간 적이 있습니다. 꼭 필요한 물건만 담았는데도 배낭이 꽉 차서 터질 것만 같았습니다. 고속도로에서 발을 헛디뎌서 넘어졌는데 배낭을 벨트로 단단히 묶어 두어서 거북이처럼 뒤집혀 허우적거릴 정도였습니다. 한번은 농부의 트럭을 얻어 탄 적이 있는데 부주의하게도 가방을 두고 내리고 말았습니다. 그때 저자는 가방을 실은 채 저만치 멀어지는 트럭을 쫓아 사력을 다해 달렸습니다. 다행히 트럭은 신호에 걸려서 멈췄고 농부는 웃음을 터뜨리며 가방을 건네주었습니다. 기적처럼 가방을 되찾기는 했지만 가방 때문에 여행의 즐거움은 반감되고 말았습니다. 그 이후에도 짐을 살피고 챙기는 데 신경을 곤두세우느라 남은 여정을 제대로 즐길 수가 없었습니다.

여행에서와 마찬가지로 우리 인생 가방에도 행여나 잃어버릴까 조바심을 내는 짐들이 많이 있습니다. 그런데 그것들이 정말 행복을 위해 필요한 건지는 별로 고민하지 않는 것 같습니다. 피터 러셀은 『시간의 화이트홀』이란 책에서 이렇게 설명합니다. "우리 삶에서 가장 무거운 짐은 육체적인 짐이 아니라 정신적인 짐이다. 우리는 과거에 대한 회한과 미래에 대한 걱정에 눌려 살아간다. 이것이 우리가 지고 있는 진짜 짐이며 이 짐을 버리지 않고서는 결코 마음을 가볍게 할 수 없다." 누군가는 모든 마음의 짐이 쓸모없는 건 아니지 않느냐고 반문할 수도 있습니다. 우리의 삶을 살찌우게 하는 고민도 있다고 말입니다. 그러나 어니 J. 젤린스키는 그의 책 『느리게 사는 즐거움』에서 이렇게 쓰고 있습니다. "우리가 하는 걱정거리의 40%는 절대 일어나지 않을 사건들에 대한 것이고, 30%는 이미 일어난 사건들, 22%는 사소한 사건들, 4%는 우리가 바꿀 수 없는 사건들에 대한 것이다. 나머지 4%만이 우리가 대처할 수 있는 진짜 사건들이다. 즉 96%의 걱정거리가 쓸데없는 것이다." 여기서 한 가지 중요한 사실이 더 발견됩니다. 대처할 수 있는 일에 대한 걱정은 해결이 가능하니 쓸데없고, 대처할 수 없는 일에 대한 걱정은 해결할 수 없으니 또한 쓸데가 없다는 사실입니다. 결국 대처할 수 있는 4%에 대한 고민도 쓸데없는 일이라는 겁니다. 인생의 짐에는 이렇게 필요 없는 것들이 많이 있습니다.

중년은 지금까지 지고 있던 인생의 짐을 덜어내어 가볍게 만들 수 있는 절호의 기회입니다. 삶은 애초에 계획대로 되지 않습니다. 그것을 빨리 받아들이고 남은 시간을 가볍게 만들어야 합니다. 정말로 중요한 것들만 남겨두고 나머지는 눈을 질끈 감고 내려놓아야 합니다. 붙들고 있던 대부분의 짐들이 사실은 아무짝에도 쓸모없는 것이었다는 사실에 놀라고 말 겁니다.

가방 다시 꾸리기

저자는 이 책에서 바람직한 삶을 위한 네 가지 요소를 제시합니다. 그것은 우리가 진정으로 원하는 일, 사랑하는 사람들과 함께할 시간, 삶을 이끌어 주는 목적, 그리고 이 모든 것들과 함께 있을 장소입니다. 이 네 가지 요소 중 어느 하나만을 우선시하면 삶의 균형이 흔들린다고 합니다. 일, 사랑, 목적, 장소가 우리 삶 속에 스며들어 조화를 이룰 때 바람직한 삶이 구현된다는 겁니다.

짐을 충분히 내려놓는 것은 인생 가방을 다시 꾸리기 위함입니다. 인생의 가방 꾸리기는 크게 두 단계로 나뉩니다. 첫째는 짊어져야 할

짐의 양을 결정하는 것이며, 둘째는 무엇을 갖고 무엇을 버릴 것인지 결정하는 것입니다. 무언가를 지키기 위해서 삶의 한 부분을 내주는 건 매우 어려운 선택입니다. 그렇지만 자기 삶의 주인이 되기 위해서는 인생 가방에 든 그것이 당신의 의지를 잘 반영한 것인지 생각해봐야 합니다.

 헬렌 니어링은 『아름다운 삶, 사랑 그리고 마무리』에서 이렇게 말합니다. "하나의 문이 닫히면 또 하나의 문이 열린다. 새롭게 열린 공간은 이제까지와는 다른 일들로 가득 차 있다. 하나의 문을 닫는 것은 새로운 곳, 새로운 모험, 새로운 가능성, 새로운 자극을 향해 자신을 활짝 열어젖힌다는 뜻이다." 인생 가방을 다시 꾸리는 일은 이렇게 하나의 문을 닫고 또 다른 문을 여는 것입니다. 그러니 옛날 짐에 미련을 둘 필요가 없습니다. 새로운 모험과 가능성을 위해 기꺼이 다른 것을 포기할 마음이 있어야 합니다. 그러면 새로운 가방을 메고 새로운 인생을 시작할 수 있습니다.

덜어내기

교육전문가이며 저술가인 니콜라스 코더 박사는 어려운 상황을 극복하고 성공한 사람들에게서 공통적인 특성을 발견했다고 합니다. 그들이 성공할 수 있었던 진짜 이유는 재능이나 노력보다는 '덜어내기'에 있다는 겁니다. 그들은 자신이 가진 것 중에서 중요하지 않은 것을 덜어냄으로써 자신의 삶을 보다 명료하게 들여다보았다고 말합니다. 선택의 기로에 서거나 자제력이 흔들릴 때마다 "과연 이것이 그만한 가치가 있나?" 하는 의문을 갖고 과감히 걷어내야 한다는 것입니다.

인생 가방을 꾸리다 보면 이것저것 챙겨 넣고 싶은 욕망이 발동합니다. 그 욕망을 제어하지 못하면 애써 비워놓은 가방이 다시 쓸데없는 고민과 욕심들로 가득 차게 될 겁니다. 코더 박사는 이렇게도 말합니다. "우리는 복잡하게 얽힌 현실 속에서 대부분 현실을 명확히 직시하지 못합니다. 감정이 만드는 여러 파장이 상황을 어지럽히고 올바른 선택을 방해하기 때문입니다. 오 년 후에도 십 년 후에도 그것이 중요한 것인지 스스로에게 질문을 던져야 합니다."

우리의 인생 가방에는 중요한 것도 많지만 중요하지 않은 것이 더 많습니다. 인도의 지도자 간디는 "이 세상 모든 이들의 요구는 충족시킬 수 있어도 모든 이들의 탐욕을 충족시킬 수는 없다"라고 말했습니다. 인간의 욕심은 아무리 채워도 끝이 없다는 말입니다. 지금 여러분이 짊어진 가방 속에도 불필요한 욕심들이 잔뜩 들어 있을지 모릅니다. 짐이 많을수록, 가방이 무거울수록 인생의 보물을 담을 자리는 줄어듭니다. 무거운 가방 때문에 여행을 망치는 것처럼 말입니다. 이제 여러분에게 다시 묻겠습니다. 가방 속에 들어 있는 그 짐들이 여러분을 진짜 행복하게 만들어주는지 말입니다.

24. 오래된 보석, 그 빛

『못 가본 길이 더 아름답다』
박완서 | 현대문학(SERI 추천도서)

이번에 소개할 저자는 문단 인생 40년 동안 늘 새로운 감각과 감성으로 주목받았던 박완서 선생입니다. 연륜과 사색의 힘으로 삶을 소박하고 너그럽게 바라보았던 우리의 소설가 할머니는 2011년 1월, 향년 80세의 나이로 눈꽃과도 같은 삶을 마감했습니다. 이 책은 삶에 대한 선생의 따뜻한 시선이 담긴 산문집이자 그녀의 유작이기도 합니다.

천천히 조금씩

이 책에는 선생의 진솔한 체험과 인생관이 그대로 담겨 있습니다. 선생은 나이 마흔에 시작된 문학의 불꽃으로 수많은 역작을 써내고 우리 문학사에 뚜렷한 자취를 남겼는데요, 80세의 나이가 되어서도 감소리 없이 나를 스쳐간 건 시간이었다. 시간이 나를 치유해줬다. 나를 스쳐간 시간 속에 치유의 효능도 있었던 것은 많은 사람들의 사랑이 있었기 때문일 것이다. 신이 나를 솎아낼 때까지는 이승에서 사랑받고 싶고, 필요한 사람이고 싶고, 좋은 글도 쓰고 싶으니 계속해서 정신의 탄력만은 유지하고 싶다.

— 본문 중에서

각을 유지하며 글을 쓸 수 있었던 비결은 기본어 소홀하지 않고 언제나 변화와 새로움에 열려 있었기 때문이라고 합니다. "조급하게 생각하지 말자. 인생은 결과가 아니라 과정 그 자체이며, 우리는 언제나 그 과정에 있을 뿐이다." 선생은 등단 40년의 세월 동안 자신의 삶을 통해 이것을 증명해 보였습니다.

선생의 삶에서 확인할 수 있듯이 인생이란 두거운 짐을 지고 떠나는 먼 여정과도 같습니다. 그러니 서두를 필요는 전혀 없습니다. 서두르지 말라는 선생의 조언을 들으니 생각나는 작가가 있습니다. 바로 〈호빵맨〉의 작가인 야나세 다카시의 이야기입니다. 야나세가 호빵맨을 그린 것은 54세 때의 일이고, 호빵맨이 첫 성공을 거둔 것은 60세가 넘어서였습니다. 그전까지 그의 삶은 실의와 절망의 연속이었습니다. 실패를 거듭하던 그는 스스로를 절대 최고가 될 수 없는 아류로 여길 정도였다고 합니다. 동료 만화가들은 물론이고 신인들에게까지 완전히 밀려서 절망하던 야나세에게 한 선배가 말했습니다. "인생이란 말이지, 한 발만 더 나가면 바로 빛이 보인다네. 그런데 도중에 관두면 그걸로 끝이야." 선배의 따뜻한 격려 덕에 야나세는 세상에서 가장 약한 히어로인 호빵맨을 탄생시켰고 엄청난 성공을 거두게 되었습니다.

야나세는 재능이 없어 한탄하는 사람들에게 이렇게 말합니다. "호빵맨도 그림도 천천히 조금씩 해왔더니 세월이 지나자 나름의 발자취가 만들어졌다. 남들보다 늦었지만 이렇게 오래 일할 수 있으니 오히려 탁월한 재능이 없어서 다행이다." 그의 여정은 가슴이 원하는 일을 멈추지 않고 꾸준히 해나가는 것이 곧 완성에 이르는 길이라는 것을 잘 보여줍니다.

박수근 화백과 나목의 추억

아시다시피 박완서 선생의 처녀작은 『나목』입니다. 이 소설은 박수근 화백의 〈나무와 여인〉이라는 작품에서 영감을 얻어 쓴 것이라고 하는데요, 선생은 한 인터뷰에서 이렇게 밝히고 있습니다. "박수근 화백이 살았을 땐 인정을 못 받고 참 힘들게 살다가, 돌아가신 다음에야 인정을 받는 것을 보고, 이분이 어려웠을 때 얼마나 힘들게 살았는지를 증언하고 싶어졌어요. 그래서 쓰게 된 게 나목입니다."

선생이 대학에 입학한 해에 한국전쟁이 발발했고 이듬해 서울로 돌아왔지만 이미 전쟁으로 집안이 몰락한 뒤라 선생은 어린 조카들과 노모를 책임져야만 했습니다. 폐허가 되어버린 서울에서 얻을 수 있는 직장이라곤 미군 부대가 고작이었습니다. 선생은 다행히 PX에 취직이 되어 한국물산의 위탁 매장의 점원으로 일하게 되었습니다. 바깥세상과 달리 PX는 딴 세상처럼 화려했고 활기로 넘쳐났습니다. 전쟁과 가난과 불안에 찌든 사람들이 보기에 그곳은 알리바바의 보물이 숨겨진 꿈같은 곳이었다고 합니다.

선생이 배치받은 곳은 '초상화부'였는데 그곳에는 다섯 명의 남자들이 그림을 그리고 있었습니다. 그중 한 명이 박수근 화백이었습니다. 업주가 그들을 간판장이라며 얕잡아 보니 선생도 덩달아 그들을 함부로 대하게 되었습니다. 선생이 맡은 업무는 미군들에게 말을 걸어서 초상화를 그리도록 유도하는 것이었습니다. 적성에 맞지 않는 일이어서 매일 그만둘 생각을 했다고 합니다. 게다가 그림이 거의 끊기다시피 해서 화가들의 불평이 이만저만이 아니었습니다. 화가들이 선생에게 불평할 때도 박수근은 동조하는 일 없이 우직한 소처럼 아무 말도 하지 않았다고 합니다.

일이 어느 정도 익숙해지자 선생은 미군에게 영어로 수작을 걸 수 있게 되었고 차츰 주문이 늘자 화가들에게 안하무인으로 굴기 시작했습니다. 화가들이 자기 덕에 먹고산다는 교만한 마음에 그들을 한껏 무시하고 구박했다고 합니다. 그 시절 선생은 자신이 밑바닥까지 떨어졌다는 생각 때문에 주변 사람에게 더욱 모질게 굴었습니다. 화가들은 그림 하나를 망치면 1달러 30센트를 고스란히 물어내야 했는데, 선생의 기분이 언짢으면 반품받는다는 걸 알고 선생의 비위를 맞추고자 애를 썼습니다.

그러던 어느 날 박수근이 두툼한 화집을 옆에 끼고 출근한 것을 보고 선생은 속으로 '꼴값하고 있네. 화집을 갖고 다닌다고 간판장이가

화가가 될 줄 아남?' 하고 비웃었다고 합니다. 그런데 박수근이 화집을 펼쳐 일제강점기 때 조선미술전람회에 입선했던 자신의 그림을 가리켰습니다. 그제야 선생은 그들에게 함부로 대한 것이 부끄럽게 느껴졌고 자신을 괴롭히던 자괴감도 벗어버릴 수 있었다고 합니다. 나의 불행에만 몰입하던 시선을 돌려서 남의 불행을 볼 수 있게 되자 PX 생활도 한결 수월해졌습니다. 선생은 박수근과 자연스럽게 가까워져서 퇴근길에 시국에 대한 불안과 공포를 나누며 서로를 위로하는 사이가 되었습니다. 이후 선생이 PX를 그만두면서 박수근과도 소식이 끊겼는데, 여전히 궁핍한 생활을 하다가 안타깝게 타계했다는 소식을 접하게 되었습니다.

선생은 급히 찾아간 그의 유작전에서 〈나무와 여인〉이라는 작품을 보게 되었고 소설 『나목』을 구상하게 되었습니다. 그 그림에는 암울한 시절을 살던 여인들이 온몸으로 빈궁을 견뎌내는 모습이 담겨 있었습니다. 박수근 화백은 가난과 병으로 고통을 겪을 때조차 선한 눈으로 주변을 관찰했고, 잎을 떨군 나목들과 고달픔을 안고 사는 어머니들의 모습을 그림에 담았던 겁니다. 고달픈 인생이었지만 선하게 살다간 한 예술가의 보석 같은 작품 앞에서 선생은 한동안 아무 말도 할 수 없었습니다.

전쟁이 낳은 작가

선생은 스스로 "전쟁의 상처로 작가가 됐다"고 말합니다. 그녀가 젊었을 때는 머리로도, 상식으로도 도저히 받아들일 수 없는 어마어마한 일들이 많이 일어났습니다. 그녀는 전쟁에서 죽어간 피붙이와 수

많은 희생자들의 매장된 삶에 피를 통하게 하고 싶었다고 말합니다. 그들의 억울한 사정을 증언하지 못하면 가슴이 터질 것 같았다고, 누가 듣건 말건 외치지 않는다면 목을 옥죄어오는 죄의식에서 벗어나지 못할 것 같았다고, 무엇보다 그렇게 외침으로써 치유받고 위로받고 싶었다고 말합니다.

  이렇듯 선생은 소설이 지닌 미덕을 말할 때, 쓰는 이와 읽는 이가 함께 누리는 위안과 치유의 능력에 대해 자주 언급하곤 했습니다. 문학이 지닌 치유의 힘을 몸소 체험한 선생은 독자에게도 그것을 전달하고자 했습니다. 그리하여 시대의 아픔과 서민들의 애환이 작품을 통해 승화되었습니다. 또한 자연에 대한 한없는 사랑을 드러내기도 했고, 자본주의의 모순과 비인간성을 비판하기도 했습니다. 그러하기에 선생의 문학은 전쟁과 고달픈 시절에 절명한 웃어른들의 보살핌 같은 것입니다.

  선생의 꿈은 원래 소설가가 아니었다고 합니다. 대학에 가서 학문이라는 비단을 짜고 싶었지만 전쟁으로 인해 한 뼘도 짜기 전에 무참히 중턱을 잘리고 말았던 겁니다. 그러다 보니 소설가로서 명성을 얻었음에도 자신의 성공이 초라하게 느껴질 때가 많았습니다. 이제 평화로운 영면에 접어든 선생의 영혼이 생전에 못 가본 길을 다시 걸을 수 있게 되기를 기원해봅니다. 그는 없지만 노작가의 인생의 고락과 연륜은 생생히 살아 있는 문학이 되어 거대한 역사의 강으로 흘러갈 것입니다.

25. 깨어 있어야 보인다

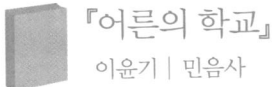
『어른의 학교』
이윤기 | 민음사

해질 무렵이 되면 산과 들은 마지막 햇살을 품에 안고 조용히 눈을 감습니다. 마치 오래전의 기억을 떠올리려는 의식이라도 하듯 사위가 잠잠해지죠. 그런 풍경을 경험할 때면 우리를 떠나간 것들, 우리가 잊고 지내던 것들이 문득 그리워집니다. 세월의 흐름이 선명하게 각인되면서 무뎌졌던 감각이 깨어나는 거죠. 그리워해야만 하는 것들을 그리워할 시간조차 없을 정도로 분주한 우리네 삶 속에서 매 순간을 깨어 있기란 쉽지가 않습니다. 하지만 그럴수록 깨어 있기 위한 노력이 필요합니다. 몇 분만 시간을 내서 주변을 돌아보기만 해도 새로운 것들을 많이 발견할 수 있습니다. 매일 그냥 지나치곤 하던 화단의 풀 한 포기조차도 분명 어제와는 다른 모습을 하고 있을 테니까요.

인문학적 소양과 다방면의 지식을 바탕으로 신선한 통찰력을 보여 준 이윤기 작가는 제가 정말 좋아하는 작가 중 한 분인데요, 특히 그

미당 서정주는 "나를 키운 것은 8할이 바람"이라고 했답니다. '바람'이 무엇이겠어요? '끼' 같기도 하고 '풍상' 같기도 하네요. 고통의 커리큘럼 같지 않은가요? 이제 내 눈에는 미당 자체가 거대한 학교로 보입니다. 국문학개론 같은 것을 가르치지 않을 뿐, 이 세상에는 크고 작은 무수한 대학이 있답니다.

— 본문 중에서

의 책 『어른의 학교』는 일상에 매몰되어 무디어질 때마다 꺼내 읽을 정도로 아끼는 책입니다. 이 책에는 그의 경험이 녹아 있는 서른두 편의 산문이 실려 있는데요, 그중 한 작품에서는 연출가, 극작가, 배우, 공직자로서 묵묵하게 자신의 삶을 걸어온 김명곤 씨와의 일화를 소개하고 있습니다.

1993년 여름, 공연을 위해 미국을 방문한 김명곤 씨가 이윤기 작가의 가족과 함께 자동차 여행을 했습니다. 시카고에서 뉴욕까지, 자그마치 4천 리나 되는 길을 이틀 동안 자동차로 이동하는 여정이었는데요, 김명곤 씨는 자동차 안에서 이윤기 작가의 아들딸에게 이런 이야기를 들려줍니다.

"무대에서 절름발이 연기를 하자면 저는 사람을 잘 관찰하고 절뚝 절뚝 저는 시늉을 배워야 한다. 하지만 저는 사람이 어디 흔하냐? 어느 날 나는 저는 사람을 관찰할 생각으로 종로2가로 가서 기다렸다. 그런데 세상에……. 저는 사람들이 어쩌면 그렇게도 많으냐? 종로 바닥이 저는 사람 천지로 보일 지경이더라. 큰 수 하나 배웠다. 그런데 저는 사람들로부터 배울 것이 없게 되고 보니, 종로에 나가도 저는 사람이 하나도 보이지 않아. 마음에서 멀어지니까 눈에서도 멀어진 것이다. 나는 큰 수를 또 하나 배웠다. 나는 연습 때마다 단원들에게 이 이야기를 들려주고는 한다. 보아야 보인다고, 보지 않으면 보이지 않는다고……."

김명곤 씨의 메시지는 명확합니다. 우리가 하는 일에 늘 깨어 있자는 것이지요. 깨어 있어야만 보인다는 것입니다. 그렇다면 깨어 있는 상태는 어떤 것일까요? 여러 가지의 다른 말로 표현할 수 있겠지만, 모든 것을 보고자 하는 의지, 모든 것에 대해 열려 있는 마음이라고 하면 크게 틀리지 않을 것 같습니다. 그의 이야기는 계속됩니다.

"소리를 하든, 연기를 하든, 연출을 하든, 자기 하는 일에 깨어 있어야 하는데, 이게 쉬운 일이 아니다. 나는 직업상 많은 사람들을 만나고 다니는데, 전문가라고 하는 사람들에게 한 가지 특징이 있더라. 자기가 하는 일에 늘 깨어 있더라는 것이다. 저금하는 놈과 공부하는 놈에게는 못 당한다는 옛말이 있다. 깨어 있는 상태에서 조금씩 조금씩 쌓아가는 전문성, 그걸 뭔 수로 당하겠냐……."

깨어 있는 상태에서 봐야만 보이기 시작한다. 깨어 있는 상태라야 비로소 쌓아갈 수 있다. 이윤기 작가의 아들딸은 한동안 김명곤 씨의 말을 화두 삼아 되풀이했다고 합니다. 어른인 우리에게도 충분히 귀감이 되는 말입니다. 자기가 하는 일에 깨어 있어야만 다른 사람이 보지 못하는 것을 볼 수 있다는 겁니다. 깨어 있는 사람은 자기 일과 삶에서 조금씩 격차를 만들어냅니다. 처음에는 격차가 별로 크지 않은 것처럼 보이지만, 시간이 지날수록 격차는 점점 커져서 나중에는 성공과 실패를 결정하는 수준에까지 이릅니다.

단언컨대, 미래에는 창조하는 자가 세상을 움직일 겁니다. 한양대학교 이명우 교수는 "새로움은 새로운 곳에 없다. 새로운 기회를 찾기 위해서는 세상에 없는 것에 대한 관심이 아니라 세상에 있는 것에 대한 고민이 필요하다"라고 말했습니다. 창조라는 게 세상에 없는 것을 새롭게 만들어내는 거창한 기획일 필요는 없다는 말입니다. 열린 마음과 사고로 주변의 것을 잘 관찰하는 것만으로도 충분히 패러다임을 바꾸는 차별화된 것들을 창조할 수 있다는 거죠. 이명우 교수의 말은 봐야만 볼 수 있다는 김명곤 씨의 말과도 일맥상통합니다.

깨어 있는 삶의 핵심은 외부의 어떤 것에 있는 게 아니라 '나의 눈, 나의 인식'에 있습니다. 깨어 있는 삶은 현재의 나, 나의 일, 그리고 나를 둘러싸고 있는 수많은 크고 작은 존재들을 관찰하고 사랑하는 데서부터 시작됩니다. 그러한 과정이 꾸준히 지속될 때 다른 사람과 다른 새로운 나를 창조할 수 있습니다.

제 6 장

내가 행복하면
세상도 행복하다

『내가 알고 있는 걸 당신도 알게 된다면』
칼 필레머 | 토네이도

『살아 있는 동안 꼭 해야 할 49가지』
탄줘잉 | 위즈덤하우스(SERI 추천도서)

『행복의 조건』
조지 베일런트 | 프론티어(SERI 추천도서)

『여성 학교』
이리스 라디쉬 | 나무생각

『나는 죽을 때까지 재미있게 살고 싶다』
이근후 | 갤리온

26. 인생의 하강을 즐기는 법

『내가 알고 있는 걸 당신도 알게 된다면』
칼 필레머 | 토네이도

언젠가 우리도 인생의 마지막 계절을 맞이하게 될 겁니다. 그때가 되면 이리저리 뒤척이며 만들어온 온갖 사연과 지나온 시간을 모두 이해할 수 있을까요? 삶이란 수많은 갈림길의 연속이고, 걸어가보기 전까지는 어떤 길이 펼쳐져 있을지 알 수 없습니다. 17세기 정치인이자 시인이었던 앤드루 마블은 나이 들어가는 것에 대한 느낌을 단 두 줄로 표현했습니다.

그러나 나는 등 뒤에서 듣는다.
시간이 날개 달린 전차처럼 달려오는 소리를.

이처럼 쉼 없이 질주하는 시간 속에서 우리는 지난날을 돌아보며 앞으로의 삶을 어떻게 살아야 할지 묻곤 합니다. 그럴 때마다 인생을 나는 지금 살아가는 이들에게 필요한 지혜를 찾아 나섰다. 내가 선택한 길은 세상을 더 오래 산 이들의 풍부한 연륜과 삶에서 얻은 해답이다. 설령 힘든 시기를 겪고 있다 해도 그들의 조언과 지혜가 있다면 더 나은 삶을 살 수 있다. 그리고 그것은 여러분의 삶을 바꿔놓을 것이다. 내가 그러했듯이.

— 서문 중에서

먼저 산 사람들의 조언은 좋은 가르침이 됩니다. 삶의 끝자락에서 후회 없는 삶을 살았다고 말하기 위해서는 현재까지의 발걸음을 찬찬히 되돌아볼 줄 알아야 합니다. 그리고 남은 발걸음의 방향과 폭을 점검해야 합니다. 기나긴 인생길을 걷다 보면 예고 없이 시련이 찾아오기도 하지만 극복하지 못하는 아픔이란 거의 없습니다. 긴 시간이 걸릴 수는 있겠지만 언젠간 끝이 나기 마련이죠. 이처럼 남은 인생을 충실하게 살아야 할 우리에게 생생한 지혜를 들려주는 귀중한 책, 『내가 알고 있는 걸 당신도 알게 된다면』을 만났습니다.

미국 코넬대학교의 칼 팔레머 교수는 "성공과 행복에 관한 책이 홍수처럼 쏟아지고 있음에도 우리는 왜 여전히 불행한가?"라는 의문에 하나의 해답을 내놓았습니다. 그는 인생의 다양한 길을 직접 걸어본 사람들의 축적된 경험과 조언을 우리가 물려받아야 할 빛나는 정신적 유산이라고 확신했습니다. 그리하여 각계각층에서 70세 이상의 노인 1000명을 대상으로 5년 동안 인터뷰한 결과를 책에 담기에 이르렀습니다.

  이 책에는 8만 년의 삶과 5만 년의 직장생활과 3만 년의 결혼생활을 지켜오면서 얻은 서른 가지의 보물 같은 인생의 지혜가 담겨 있습니다. 저자는 이 책에서 삶과 일의 의미에서부터 성공적인 결혼생활, 자녀와의 관계, 위기 극복, 건강, 노년의 삶에 이르기까지 다양한 종류의 경험적 조언을 담아내고 있습니다. 그중 몇 가지를 간추려 보면 다음과 같습니다.

성공적인 결혼생활

저자는 행복한 삶을 위해 가장 중요한 것은 즐거운 결혼생활이라고 합니다. 결혼생활이 즐겁기 위해서는 50대 50이라는 대가관계를 염두에 두어서는 안 된다고 합니다. 결혼생활을 유지할 수 있는 유일한 방법은 두 사람 모두 상대에게 100퍼센트를 주는 것입니다. 50을 주었으니 50을 받겠다는 경제적인 계산은 결혼생활과 어울리지 않습니다. 서로에게 100을 주기 위해 노력한다면 일종의 시너지 효과가 나타나 상대가 느끼는 행복감이 배가 될 겁니다. 두 사람이 모두 행복할 수 있다면 탄탄한 결혼생활을 오랫동안 유지하는 건 당연한 일이겠죠.

  비록 과거에 비해 오늘날의 결혼제도가 위협을 받고 있는 건 사실이지만, 여전히 결혼과 가족은 가장 보편적이고 이상적인 삶의 형태로 받아들여지고 있습니다. 배우자를 선택하는 것은 일생에서 손에 꼽을 정도로 중차대한 문제입니다. 예나 지금이나 사람들은 진정한 사랑을 갈망하지만 현실에서 그러한 사랑을 유지하기란 쉬운 일이 아닙니다. 사랑은 변하지 않더라도 우리 마음이 변하기 때문이죠. 부부가 오랜 세월을 함께 지내다 보면 처음의 감정이 시들해지고 무덤덤해지는 때가 오기 마련입니다. 그러므로 끌림이나 설레는 감정보다는 가치관이 비슷한 상대를 만나는 것이 중요합니다. 하지만 보다 중요한 것은 상대에 대한 존중과 끝없는 노력입니다. 행복한 결혼생활을 하려면 한 사람과 여러 번 사랑에 빠져야 한다는 말이 있습니다. 사랑이 시들해질 때마다 이런 질문을 던져볼 필요가 있습니다. 나는 그 사람의 어떤 점을 좋아하는 걸까? 그 사람은 나의 어떤 점을 좋아하는 걸까? 그 결과로 상대의 좋은 점을 사랑하고, 그가 좋아하는 나의 모습을 유지하려고 노력한다면 처음의 감정을 다시 찾을 수 있을지도 모릅니다. 최소한 가장 가깝고 소중한 친구인 나의 배우자를 소홀히 대하는 어리석은 짓은 저지르지 않겠죠.

즐거운 일을 하는 것

직장생활 역시 행복한 삶을 위해 중요한 조건입니다. 자신이 즐길 수 있는 직업을 찾는 일은 생각보다 중요합니다. 평생직장이라는 말이 어울리지 않는 시대가 되었지만, 여전히 직업은 한 사람의 삶의 질을 결정하는 중요한 역할을 합니다. 그러니 처음부터 좋아하는 일을 만나지 못했더라도 좋아하는 일을 찾기 위한 노력을 지속해야만 합니다. 심지어 자신이 싫어하는 일에서도 뭔가를 배울 수 있어야 합니다.

자신의 소질과 능력을 잘 이해한 상태에서 자신에게 맞는 일을 끝까지 찾아낸다면 행복에 한 걸음 더 다가갈 수 있습니다.

부모와 자녀의 관계

부모라면 자녀와의 관계도 중요합니다. 부모는 자식이 필요로 하는 순간에 항상 그 자리에 있어야 한다고 합니다. 옛말에도 자식농사만큼은 마음먹은 대로 안 된다고 하죠. 자녀 양육에는 특별한 비법이 없다는 말일 텐데요, 이 책에서는 자녀와의 좋은 관계를 유지하기 위해서는 그들과 가능한 많은 시간을 보낼 것을 강조하고 있습니다. 아이의 관심사가 무언지 알아보고 함께 참여해야 한다는 겁니다. 양육에 관해 명확히 말할 수 있는 것은 아이들과 보낸 시간이 많을수록 관계가 좋아진다는 사실입니다.

또한 일상의 순간을 부모와 함께 보내는 것은 아이들의 인생에 매우 긍정적인 영향을 미칩니다. 래리 핸들리는 이렇게 말합니다. "아이들이 어느 정도 자라면 집안일을 돕게 해야 해. 마당 청소건 집안의 작은 일이건 뭐든 함께 나눠서 하는 거지. 집안일이 쉽거나 재미있지만은 않지만 아이에게나 부모에게나 즐거운 추억으로 남게 되지."

평생의 관점에서 볼 때 자녀와의 관계에서 중요한 것은 친밀감입니다. 그들이 부모의 곁을 떠나기 전에 친밀감을 높여야 합니다. 노년에 부모들이 자녀에게 바라는 것은 그리 특별한 게 아닙니다. 부모는 단지 자녀가 자신을 좋아하기를 바라고 자녀와 가까이 지내기를 바랍니다. 부모가 바라는 것은 그런 소박한 것들입니다. 자녀와의 행복한 노년을 원한다면 지금이라도 자녀와 더 많은 시간을 보내야 한다는 것을 기억하기 바랍니다.

건강관리

행복한 삶을 위해 건강을 빼놓을 수 있을까요? 건강관리야말로 모든 행복의 전제 조건인지도 모릅니다. 젊었을 때 100년 쓸 몸을 미리 만들어 두어야만 건강하고 여유롭게 노년의 삶을 즐기며 지낼 수 있습니다. 또 건강은 단지 개인적인 문제만은 아닙니다. 한 사람이 아프면 주변 사람들도 고통을 겪게 됩니다. 젊어서 몸 관리를 못하면 그 대가를 늙어서 그대로 짊어지게 됩니다. 언제 죽을지는 선택할 수 없지만 건강하게 살다가 떠날지, 끔찍한 질병으로 고통받다가 떠날지는 어느 정도 선택할 수 있습니다. 어떤 선택을 해야 하는지는 명확해 보입니다.

노년의 삶

우리는 자신의 나이 든 모습을 상상하는 능력이 부족합니다. 막연하게나마 노화 과정에 대해 두려워하기 때문인데요, 이 책에 등장하는 노인들은 노화에 대해 이렇게 조언하고 있습니다. "나이가 드는 것은 하나의 태도이고 삶의 과정이다. 받아들이고 싸우지 마라." 그들은 노년의 삶은 생각보다 괜찮은 일이라고 합니다. 매년 한 살씩 나이를 먹을 때마다 자연스러운 변화를 경험하면서 인생의 순리와 기쁨을 깨닫는 것은 멋진 경험입니다. 또한 노년에는 일상의 사소한 것에서 충만한 즐거움을 느낄 수 있는 여유가 주어지기도 합니다. 나이가 들어 좋은 점은 보다 너그러워지고 조금 더 기다릴 줄 알게 된다는 것이겠죠.

시바타 도요는 98세에 쓴 첫 번째 시집 『약해지지 마』에서 '괴로운 일이 많았지만 살아 있어 좋았다'며 다음과 같이 쓰고 있습니다.

나이 아흔을 넘기며 맞는
하루하루
너무나도 사랑스러워

뺨을 어루만지는 바람
친구에게 걸려온 안부 전화
집까지 찾아와 주는 사람들

제각각 모두
나에게
살아갈 힘을
선물하네

그녀의 시는 삶에 대한 태도가 행복을 위해 얼마나 중요한지를 말해주고 있습니다. 어떤 일을 시작하는 데 있어 나이는 제약 조건이 될 수 없습니다. 끝까지 즐겁고 행복하게 살기 위해서는 남은 시간을 그냥 흘려보내는 것이 아니라 새롭게 채워가는 노력이 필요합니다. 직장에서 은퇴한다고 해서 인생에서도 은퇴하는 것은 아닙니다. '인생은 육십부터'라는 말이 괜히 있는 게 아닙니다. 자신에게 주어진 현실을 직시하고 건강을 잘 관리하면서 세상과 관계의 끈을 놓지 않는다면 노년에도 얼마든지 새로운 페이지를 쓸 수 있습니다.

지금 한 번 생각해보기 바랍니다. 우리에게 주어진 시간은 지금 이 순간에도 줄어들고 있습니다. 그 시간을 어떻게 쓸 것인지는 전적으로 여러분의 몫입니다. 마찬가지로 그 시간에 대한 책임도 여러분에게 있습니다. 아울러 내가 오늘 한 일이 뒤에 오는 이들에게 이정표가 될 수 있다는 점도 명심해야 할 것입니다.

27. 우리가 지금 해야 할 소중한 것들

『살아 있는 동안 꼭 해야 할 49가지』
탄쥐잉 | 위즈덤하우스(SERI 추천도서)

살 수 있는 날들이 얼마 남지 않았을 때 꼭 해야 할 일이 있다면 어떤 것들이 있을까요? 그것들을 찾아내서 남은 날 동안 해볼 수만 있다면 생을 마감하는 그 순간에 조금이라도 덜 후회하게 될 것입니다. 그처럼 지금 우리에게 필요한 일들을 돌아보게 해주는 책이 바로 여기 있습니다.

『살아 있는 동안 꼭 해야 할 49가지』는 우리가 일상에서 스치듯 지나쳐버리는 이야기를 담고 있습니다. 어렴풋이 알고는 있었지만 일상에 쫓겨 잊어버리거나 무시하며 살았던 이야기들 말입니다. 바쁘고 고단한 일상 속에서 질주하듯 살다 보면 자신의 소중한 것을 돌아볼 여유가 없어지고 결국은 그것들을 잃어버리게 됩니다. 만일 당신의 일상도 그렇다면 지금부터라도 마음을 열고 이 이야기들에 귀를 기울여보기 바랍니다. 후회 없는 삶을 위해 지금 당장 우리가 해야

> 행복의 기준은 사람마다 다를 수 있습니다. 그러나 이것만은 다를 수 없습니다. 행복했던 나날들이 모두 모여 바로 오늘을 만든다는 것입니다. 새털처럼 많은 행복했던 순간이 모여 당신의 오늘을 만든 것입니다. 그것이 바로 오늘 하루를 감사하며 살아야 할 뚜렷한 이유입니다.
>
> ― 서문 중에서

할 일들이 무엇인지 깨닫게 될 것입니다. 그중 몇 가지를 소개할까 합니다.

사랑한다고 외쳐보세요

살아 있는 동안 꼭 해야 할 일이 있다면 사랑에 내 모든 것을 걸어보는 것입니다. 사랑에 전부를 걸고 설령 그로 인해 슬픔과 아픔에 빠지더라도 그 사랑은 아름다운 열정의 흔적이었음을 잊지 않는 것입니다. 공지영의 소설 『봉순이 언니』에는 이런 글이 나옵니다.

"그래, 더 많이 사랑하지도 말고, 그래서 다치지도 않고, 그래서 무사하고, 그래서 현명한 건 좋은데……. 그래서 너의 삶은 행복하고 싱싱하며 희망에 차 있는가. 그래서 다치지도 않고 더 많이 사랑하지도 않아서 남는 시간에 과연 무엇을 했으며 무엇을 하려고 하는가."

사랑하지 않는 시간에 과연 얼마나 대단한 일들을 했는지 묻는 구절입니다. "사랑하는 것은 천국을 살짝 엿보는 것이다"라는 말이 있습니다. 살아 있는 동안 천국을 경험하는 것은 사랑을 통해서만 가능한 일일 것입니다. 우리의 인생을 완전하게 만드는 유일한 방법이 있다면 그것은 사랑입니다.

소중한 친구 만들기

서로의 말에 진심으로 귀 기울여주고 마음을 알아주며 희로애락을 함께 나누는 소중한 친구를 만드는 것입니다. 세상 모든 것이 변할 때에도 마지막까지 변하지 않는 것, 그것이 그 친구와 나의 우정이라면 좋을 것입니다. 재물과 학식이 많다 해도 살아가면서 마음 터놓고 이야기할 친구가 없다면 무슨 소용일까요? 로마의 대문호 키케로는 이렇게 말했습니다. "인생에서 우정을 앗아가는 것은 세상에서 태양을 뺏는 것이나 다름없네. 신들이 인간에게 준 선물 가운데 우정보다 더 좋고 즐거운 것은 없기 때문이네." 또 누군가는 말합니다. "친구란 온 세상 사람들이 다 내 곁을 떠나도 끝까지 곁에 남는 사람이다." 힘들 때 서슴없이 두 손을 내밀어 잡아주고 무거운 짐을 함께 들어주는 것이 친구입니다. 이처럼 소중한 우정을 나눌 친구를 얻는다면 그것은 태양과도 같은 선물이 될 것입니다.

은사 찾아뵙기

나의 재능을 인정해주고 이끌어주었던 고마운 선생님께 당신의 모습을 보여드리는 겁니다. 너무 늦지 않게 찾아가서 고마움을 전하고 선생님께 흐뭇한 웃음을 선사해주세요.

부모님 발 닦아드리기

부모님의 발을 한번 본 적이 있나요? 오랜 세월 자식을 위해 희생하느라 딱딱하게 굳은 그 발을 고이고이 닦아드리는 것은 좋은 경험이 될 겁니다.

다른 사람에게 영광 돌리기

아폴로 11호에 대해 이야기하면 가장 먼저 암스트롱이 떠오릅니다. 그러나 아폴로 11호를 통해 처음 달에 착륙한 사람은 올드린이며, 그들을 성공적으로 귀환시킨 사람은 콜린스였습니다.

그러나 이 두 사람은 이런 사실을 말하지 않고 암스트롱의 뒤에서 미소만 지었습니다. 성공과 명예가 초점이 되는 사회에서 사람들은 자신을 드러내 존중을 받고 특별한 대우를 받으려 합니다. 그러나 이들처럼 자신을 드러내지 않고 묵묵히 자신의 임무를 완수하는 것 역시 영광스럽고 멋진 일입니다.

마음을 열고 대자연과 호흡하기

얼마나 자주 산책을 즐기시나요? 자연은 하루하루가 다릅니다. 변해 가는 풍경과 달라지는 공기를 매일 다른 느낌으로 받아들여 보세요. 시시각각 달라지는 태양을 바라보고, 계절마다 깊이가 다른 하늘을 감상하고, 살아 숨 쉬듯 빛깔을 바꾸는 대지에 발을 내딛으며 자연의 신비에 감사해 보세요. 자연을 감상하는 시간을 갖다 보면 자연으로 생의 에너지를 삼은 자신이 성장하는 것을 느낄 것입니다.

두려움에 도전해보기

인생의 선배들은 지난날을 돌아보았을 때 가장 후회되는 일이 도전과 모험을 시도해보지 못한 것이라고 합니다. 사실 두려움이란 타고나는 게 아니라는 것이 정신분석학자들의 견해입니다. 인간은 추락과 소음에 대한 두려움만을 갖고 태어날 뿐 그밖의 두려움은 후천적으로 습득하는 것이라고 합니다. 두려움이 인간의 본성이라면 모든 사람이 똑같은 일에 대해 두려움을 느껴야 할 겁니다. 그러나 사람들이 두려움을 느끼는 대상과 상황은 제각기 다릅니다. 마이크라는 기자는 어느 날 기자생활을 접고 북미대륙의 대각선 횡단을 결심했습니다. 그는 스스로 숙박비를 해결하고, 낯선 사람들의 도움을 받고, 천둥과 번개가 치는 밤에도 침낭에서 잠을 청하며 결국 7천여 킬로미터에 달하는 북미대륙을 대각선으로 횡단하는 데 성공합니다. 약 6주에 걸친 횡단이었습니다. 그 힘겨운 여정을 이겨내자 그는 남은 생에 두려움 없이 맞설 수 있었다고 합니다.

마음을 열고 세상 관찰하기

아침 출근길에 인사를 건네는 사람, 지하철에서 자리를 내주는 사람, 엘리베이터를 잡아주는 사람……. 구름 뒤에 가려진 태양도 좋습니다. 인생의 즐거움은 평범한 일상의 구석구석에 자리 잡고 있습니다. 세상을 잘 관찰하면 아름다운 풍경들을 무수히 발견하게 됩니다. 그것들을 놓치지 마세요.

낯선 사람에게 말 걸어보기

우리는 살면서 다른 사람을 경계하는 법을 배우게 되어 낯선 사람과의 접촉을 꺼리곤 합니다. 때로는 버스에서 옆에 앉은 사람에게 "안녕하세요?"하며 인사를 건네 보는 것은 어떨까요? 이렇게 하다 보면 우연한 만남이 좋은 우정으로 평생 이어질 수도 있지 않을까요? 이런 말이 있습니다. "세상에 낯선 사람은 없다. 아직 우리가 알지 못한 친구만 있을 뿐이다."

사랑하는 사람 돌아보기

사랑하는 사람들을 자주 돌아보아야 합니다. 함께 있는 순간에도 아껴주고 사랑한다고 말해야 합니다. 내일로 미루다가 정작 말하고 싶을 때가 되면 이미 곁에 없을지도 모릅니다. 샤퍼란 시인은 「나무 시계 인생」이라는 시에서 이렇게 말합니다.

    인생의 시계는 단 한 번 멈추노니
    언제 어느 시간에 멈출지 모르는 것.
    지금이 오직 내 시간이므로 살며 사랑하라.

    그렇습니다. 내일을 믿지 마십시오. 그때는 시계가 멈출지도 모르니까요.

단 하루, 동심 즐겨보기

단 하루만이라도 동심으로 돌아가 우리의 잃어버린 순수함을 찾아보는 겁니다. 그러면 일상에서 놓친 즐거움과 재미를 발견할 수도 있을 겁니다. 그런 즐거움과 재미를 느끼다 보면 삶의 아이디어를 얻는 데도 많은 도움이 됩니다. 지금 바로 우리의 내면에 잠자고 있는 '어린

아이'를 꺼내보세요.

3주 계획하고 나쁜 습관 고치기

3주를 계획하고 나쁜 습관을 고쳐보는 것입니다. 습관은 오랜 시간에 걸쳐 형성된 것입니다. 좋지 않은 습관을 바꾸려 해도 쉽게 성공할 수 없는 것도 그 때문입니다. 습관이 형성되는 데 오랜 시간이 걸리듯 습관을 고치는 데도 얼마 동안의 시간이 필요합니다. 그래서 3주 이상의 기간을 설정하는 겁니다. 만일 고치고 싶은 나쁜 습관이 있다면 3주에 걸쳐 그 자리에 좋은 습관이 대신할 수 있게 해보세요. 분명 성공할 수 있을 겁니다.

인생의 스승 찾기

길다면 긴 우리 인생에서 나를 올바르게 이끌어주고 때로는 동행해주는 스승을 만나는 것은 매우 중요합니다. 스승의 가르침을 통해서만이 터득할 수 있는 일들이 있기 때문입니다. 사람은 어제보다 나아진 자신의 발전을 통해서 삶에 대한 의미를 확인하는 존재입니다. 자신을 성장으로 이끄는 그런 스승을 만난다면 그의 가르침 한마디 한마디가 삶의 방향을 제시하는 나침반이 될 것입니다.

남을 돕는 즐거움 찾기

지금 곁에 있는 사람에게 아무런 보답도 바라지 말고 순수한 마음으로 베풀어 보세요. 남에게 도움을 줌으로써 자신이 더 행복해진다는 것을 알게 될 겁니다. 그것이 바로 나누는 삶이 주는 보답입니다.

일기와 자서전 쓰기

지나간 시간들을 기록하는 것은 현재의 내 모습을 똑바로 볼 수 있는 기회가 됩니다. 내 삶을 기록해 봄으로써 더 나은 사람이 되기 위한 냉정한 반성의 시간을 가질 수 있으니까요. 그리고 그런 시간을 갖다 보면 즐거웠던 기억과 그 속에서의 기쁨을 떠올리며 행복을 찾을 수도 있습니다.

돈에 대해 진지하게 생각하기

우리는 부의 축적으로 성공을 가늠하는 시대에 살고 있다 해도 과언이 아닙니다. 그래서 많은 사람이 '돈 버는 방법'을 찾는 데 골몰합니다. 하지만 재물은 땀과 노력에 의해서 모아져야만 그 가치가 귀하게 보전될 수 있습니다. 정당한 노동을 통해서 돈을 모아야만 그 귀중함을 알 수 있다는 겁니다. 아무런 노력도 하지 않고서 부를 얻는 것은 결국에는 몰락하는 지름길이 됩니다. 분수에 맞는 지출로 지혜롭게 소비하는 것 또한 돈을 버는 것만큼 중요합니다. 자신의 수입 안에서 소박하게 살아야 삶을 풍요롭게 가꿀 수 있는 겁니다.

날마다 15분씩 책 읽기

매일 15분 동안 30페이지씩만 읽어도 한 달에 세 권 분량, 1년이면 36권이라는 책을 독파하게 됩니다. 책은 수많은 사람들의 지혜가 담겨 있는 인류의 보물창고입니다. 좋은 책은 삶의 이정표가 되고 디딤돌이 됩니다. 책을 읽으면 타인의 삶을 이해할 수도 있고 공존과 나눔의 가치도 알 수 있습니다. 인생에 정답은 없지만 정답으로 향해 가는 지혜가 책 속에는 있습니다. 살면서 암담한 상황에 처했을 때나 의

지할 곳이 없어 외로울 때 책을 펼쳐 보세요. 인생의 고비마다 책은 위로와 격려를 주며 다시 나아갈 길을 밝혀줄 것입니다.

정성이 담긴 선물하기

정성이 담긴 선물을 하는 것입니다. 선물은 받는 사람뿐만 아니라 주는 사람까지도 기쁘게 합니다. 우리가 주었거나 받았던 선물은 훗날에도 감동과 추억으로 오랫동안 남습니다. 오늘이라도 작은 선물을 통해 곁에 있는 사람에게 감동을 선사해보세요. 만일 누군가에게 선물을 받았다면 그 사람의 마음을 헤아리는 시간을 가져보길 바랍니다.

용서하고 용서받기

용서란 잘못을 눈 감아 주는 게 아니라 잘못이 있음에도 그와의 관계를 끝까지 이어가는 것입니다. 혹시 용서할 수 없는 사람이 있나요? 그렇다면 그 사람을 용서해보세요. 남을 용서한다는 것은 곧 스스로를 용서하고 사랑하는 일입니다. 그 사람을 용서하는 순간 마음의 평온을 얻을 수 있기 때문입니다. 남에게 용서를 베푸는 것은 아름다운 일입니다.

어려운 사람들을 위해 기부하기

우리 주변에는 가난하고 빈곤한 사람들이 많습니다. 그들을 도와주는 것은 존중받아 마땅합니다. 하지만 우리는 쉽게 도움을 건네지 못합니다. 어느 수도원에 수도자가 되겠다고 마음먹은 한 젊은이가 찾아왔습니다. 나이 든 수도자가 젊은이의 마음을 알아보려고 이렇게 물었습니다.

"자네에게 금화 세 닢이 있다면 그것을 기꺼이 가난한 사람에게 나누어 주겠는가?" "네, 모두 주겠습니다." "은화 세 닢이 있다면 어찌하겠는가?" "기쁘게 나누어 주겠습니다." "그럼 마지막으로 묻겠네. 동전 세 닢이 있다면 어찌하겠는가?" 이에 젊은이는 머뭇거리며 입을 열지 못했습니다. "금화나 은화는 아낌없이 주겠다는 사람이 동전은 줄 수 없다는 게 말이 되는가?" 그러자 젊은이가 대답했습니다. "지금 제가 갖고 있는 건 동전 세 닢뿐입니다."

저는 이 이야기를 보고 가슴이 뜨끔했습니다. 우리가 갖지 못한 것은 쉽게 나누어주겠다고 말하면서 정작 갖고 있는 것은 바로 나누지 못하는 게 아닐까 하는 마음 때문입니다. 타인과 나누는 것이 반드시 큰 것일 필요는 없습니다. 지금 내 주머니에 있는 작은 것을 나누는 것으로도 충분합니다. 불확실한 내일의 큰 약속보다는 작지만 진실한 오늘의 실천이 더 소중합니다.

건강에 투자하기

사람들은 평소에 바쁘다는 핑계를 대며 건강 관리를 소홀히 하곤 합니다. 오리가 유유히 물 위에 떠 있는 이유는 깃털이 물에 젖지 않기 때문입니다. 오리의 꼬리 부분에 있는 작은 기름주머니에서 기름을 묻혀 깃털에 문지르면 깃털이 물에 젖을 일이 없는 것이죠. 건강을 챙기는 것은 오리가 평소에 깃털을 간수하는 것과 비슷합니다. 틈을 내서 건강에 투자해야 하는 것입니다. 건강에 투자하는 것만큼 보장된 투자는 없습니다. 건강을 잃으면 모든 것을 잃게 됩니다.

악기 하나 배워보기

악기를 배우는 일은 결코 쉬운 게 아닙니다. 어떤 악기라도 연주할 만한 실력을 갖출 때까지 많은 연습과 인내가 필요합니다. 마치 꽃씨를 심고 꽃이 필 때까지 기다리는 것과 같습니다. 하지만 악기를 배워서 음악을 연주하는 순간이 주는 희열은 이루 말할 수 없이 큽니다. 또한 악기를 배우고 음악을 연주하다 보면 삶을 되돌아볼 수도 있습니다. 음악에는 그런 힘이 있습니다. 사랑하는 사람들에게 자신의 연주로 아름다운 음악을 들려주기 바랍니다.

다른 이의 말에 귀 기울이기

스티브 잡스를 50회 인터뷰한 아이작슨은 이런 말을 했습니다. "누군가가 들을 준비가 돼 있다면 사람들은 결국 이야기를 한다." 상대방의 말에 귀 기울인다는 것은 그 사람을 존중한다는 것입니다. 사람들은 중요한 사람으로 인정받았다고 느낄 때 마음의 문을 엽니다. 남의 말을 잘 들어주는 것, 마음을 열게 하는 결정적인 비결입니다.

고난과 반갑게 악수하기

시련과 고뇌는 새롭게 성장하는 밑거름이 됩니다. 눈앞에 닥친 문제를 긍정적으로 풀어나가려는 마음과 용기만 있다면 어느 순간 해결의 실마리를 찾게 되어 있습니다. 그것이 인생이란 항해에서 폭풍을 만나더라도 난파되지 않고 살아남는 길입니다. 삶에 지칠 때마다 멜빌의 소설 『모비딕』을 떠올리곤 합니다. 소설에서 이슈마엘이란 청년은 끝없는 바다를 바라보며 이렇게 말합니다.

"배에 오르면 나는 결코 시중받는 손님이나 선장이 되지 않을 것이다. 오로지 수고로운 선원으로 남을 것이다."

　인생이란 망망대해에서 운명이란 거센 파도를 헤쳐 나가려면 선원의 땀과 노고가 있어야만 합니다. 그냥 뒷짐 지고 구경만 하고 있다면 배는 나아가지 않습니다.

약속 지키기

약속은 지키려고 건네는 말입니다. 아무리 사소한 약속이라 할지라도 지키려고 노력해야 합니다. 약속을 지키는 것은 신뢰와 감동을 저축하는 일입니다.

기회가 있을 때마다 배우기

지식은 무한하고 우리가 배울 것 또한 무한합니다. 모든 배움의 과정은 처음에는 순조롭지 않다는 속성을 갖고 있습니다. 그러나 연습과 끈기의 양이 차곡차곡 쌓이게 되면 어느 순간 상상 이상으로 발전된 자신의 모습을 발견하게 됩니다. 자신의 무지를 깨닫고 새로운 배움을 통해 끝없이 성장하는 자신을 발견하는 것은 인간으로서의 경험 중에 으뜸이라 할 것입니다.

사소한 것의 위대함 찾아보기

일상에서 작은 기쁨을 느끼는 것은 위대한 업적이나 부를 쌓는 것보다 더 중요한 일인지도 모릅니다. 사소한 것에서 감사함을 느끼는 순간 우리의 삶은 새로워지고 보다 풍요로워집니다. 작은 행동과 말과 현상에서 놀라움과 위대함을 찾아 감사의 마음을 느껴보기 바랍니다.

꿈을 설계하고 성취하기

하버트 오토라는 사람은 "일생 동안 우리는 가진 능력의 5%만 쓰고 죽는다"라고 말한 바 있습니다. 우리가 사용하지 않고 그냥 내버려둔 95%는 어디에 숨은 것일까요? 자신의 능력을 알려면 먼저 자신을 이해하고 사랑해야 합니다. 그리하여 자신의 능력을 통해 소망을 키우고 성취하는 삶을 설계하기 바랍니다.

혼자 떠나보기

살면서 혼자만의 시간을 얼마나 가져보았는지요? 힌두교에는 이런 속담이 있습니다. "당신은 혼자 있을 때 비로소 성장한다." 혼자만의 시간을 갖고 자신을 들여다보면 창조적인 생각을 할 수 있습니다. 자유로움을 만끽할 수도 있습니다. 그러니 가끔은 여러 사람과 복잡하게 얽혀 있는 관계 속에서 빠져나와 혼자만의 시간 속으로 여행을 떠나보세요. 그 고독한 시간 속에서 삶의 의미를 발견하게 될 것입니다.

세상을 위한 선물 준비하기

우리가 살아 있는 동안 꼭 해야 할 마지막 일이 있다면 세상을 위한 선물을 준비하는 것입니다. 세상은 우리에게 삶을 선물했습니다. 그리고 삶은 우리에게 경험이라는 값진 보석을 선물했습니다. 언젠가 우리가 왔던 곳으로 돌아가기 전에 세상에 남겨줄 한 가지 선물을 준비하는 것이 우리가 세상과 지켜야 할 마지막 약속이 아닐까요?

28. 무엇이 우리를 행복으로 이끄는가

『행복의 조건』
조지 베일런트 | 프런티어(SERI 추천도서)

행복하고 건강하게 나이 드는 것은 '100세 시대'로 불리는 오늘날의 중요한 화두입니다. 고령화 사회로 접어들면서 연장된 수명과 함께 삶의 질적 수준도 변함없이 유지될 수 있을지에 대한 관심이 높아지고 있는 것이죠. 『행복의 조건』은 이러한 관심에 대한 응답이라고 할 수 있습니다. 세상에서 가장 오래된 성인발달연구라 할 수 있는 이 책은 75년간 연구 대상자들의 성장과정을 관찰함으로써 행복한 삶을 이루는 구체적인 요소들을 과학적인 접근과 근거를 토대로 분석하고 있습니다. 나아가 인간의 성장, 발달, 일, 가족, 성공, 그리고 행복 등에 대해 폭넓게 다루며 행복하게 살아가는 지혜가 무엇인지 밝히고 있습니다.

 이 책에 등장하는 연구의 대상자들은 1930년대 말 하버드에 입학한 2학년생 268명, 가난한 환경이나 사회적 배경이 열악한 상황에서 나는 노인들과 이야기 나누기를 좋아한다.
노인들은 우리가 걸어가야 할 인생의 길을 먼저 지나왔다.
그러므로 앞으로 겪게 될 삶이 어떠할지
그들에게서 배울 수 있다.

— 본문 중에서

자수성가한 이너시티 남성 456명, 지능은 높지만 특권을 갖지 못한 '스탠퍼드 터먼 연구' 대상자 여성 천재 90명으로 총 814명입니다. 베일런트는 연구를 위해 대상자들의 가족관계, 직업, 교육수준, 친구를 조사하는 것뿐만 아니라 대상자들의 건강검진과 심리검사, 그리고 정기적인 답변서와 개별면담 등에 관한 구체적이고 세세한 자료들을 수집했습니다. 그런 조사와 자료들을 바탕으로 그들의 일생을 관찰함으로써 인생의 성공법칙과 행복한 삶의 방식을 추적한 것입니다. 이 세 집단이 모든 사람들을 대표하는 완벽한 조건이라고 할 수는 없습니다. 하지만 각기 다른 잠재 능력을 지니면서도 각 집단 내에는 상당 부분 동질성이 존재하므로 성인발달에 관한 의미 있는 연구임은 틀림이 없습니다.

베일런트는 1955년, 의과 대학에 입학한 날을 회고하며 그날 학장님이 했던 말을 들려줍니다. "여러분에게 줄 나쁜 소식은 우리가 지금 가르치는 것 중 절반은 언젠가 오류라고 증명될 것이라는 사실이다. 그러나 그보다 더 나쁜 소식은 그 절반이 어떤 것인지 모른다는 사실이다." 그 말은 현재로서는 확실하게 여겨지는 진찰이나 치료 지식이 미래에는 불확실한 의학적 지식으로 밝혀질 수밖에 없는 현실을 반영한 것이었습니다. 이처럼 베일런트 또한 당초 자신의 생각을 뒤집는 예상외의 연구 결과를 발견하기도 했습니다.

그 대표적인 예로 베일런트는 사회적 성공이 노년기의 건강과 행복을 보장하지 않는다는 사실을 지적합니다. 노년의 행복하고 건강한 삶은 50세 이전까지의 인간관계와 습관, 정신과 신체 건강에 의해 좌우된다는 것입니다. 그는 다양한 연구 자료와 연구 대상자들의 파란만장한 인생 이야기를 통해 그것을 증명해 나갑니다. 결론적으로 베일런트는 "기쁨과 비탄은 섬세하게 직조되어 있다"라는 윌리엄 블레이크의 시구를 인용하며 언제나 '고통의 밝은 뒷면'을 염두에 둘 것을 권하고 있습니다. 즉 불이 쇠를 단련시키듯이 역경과 고난을 통해 우리 스스로를 성숙하게 변화시키는 것이 행복한 삶의 과제라는 것입니다.

베일런트는 사회과학자 에릭 에릭슨의 사상에 많은 영감을 받았다며 그의 업적을 소개하고 있습니다. 일찍이 성인의 발달과정을 연구해온 에릭 에릭슨은 '성인의 발달은 쇠퇴가 아니라 진보'라는 개념을 내세웁니다. 그러면서 50세 이후의 삶은 아래쪽으로 향하는 것이 아니라 바깥으로 뻗어 나가는 길이며, 그것은 사회적 지평의 확장이라고 말합니다. 다시 말해, 성인의 성장발달은 30세에 멈추는 것이 아니라 삶이 멈출 때까지 진행되는 과정이라는 것입니다. 그는 또한 알

코올 남용의 실체를 규명한 바도 있습니다. 알코올리즘이 조기사망, 이혼, 실직 등에 보이지 않는 중요한 변수로 작용하고 있음을 밝혀낸 것입니다.

이러한 에릭 에릭슨의 업적을 바탕으로 베일런트는 성공적인 삶을 위한 조건이 삶의 불연속성에 어떻게 대처하는지에 있다고 말합니다. 그리고 그 대처요령으로 다섯 가지를 제시합니다. 첫 번째는 긍정적인 정신 건강, 두 번째는 성숙한 방어기제, 세 번째는 가장 중요한 요인이라 할 수 있는 사랑이라는 친밀한 정서입니다. 그리고 네 번째는 성인이 평생 동안 계속해서 변화하며 성장한다는 교훈이며, 다섯 번째는 인간이 잘했던 일보다는 잘못된 일에서 더 많은 영향을 받는다는 사실입니다.

이 중 두 번째 요인인 '성숙한 방어기제'에 대해 설명하자면 이렇습니다. 사람의 몸은 항상성이라는 정교한 생리 체계가 있어 생명을 유지할 수 있습니다. 항상성이 우리 몸의 완충지대로서 비자발적 대응체계라면, 성숙한 방어기제는 극단적인 심리 상태를 막는 정신적인 비자발적 대응체계라 할 수 있습니다. 프로이트는 방어기제에 대해 이렇게 말한 바 있습니다. "방어기제는 위험에 빠지는 일을 방지한다. 인간의 자아가 방어기제 없이 발달하리라고는 생각하기 어렵다." 이처럼 방어기제는 인간의 행복에 매우 중요한 역할을 수행합니다. 말하자면 성숙한 방어기제는 정신적인 회복탄력성이자 고난에 대응하는 긍정적인 정서인 겁니다. 성숙한 방어기제는 이타주의, 유머, 승화, 억제 등의 형태로 나타납니다. 이타주의는 다른 사람이 바라는 것을 베푸는 미덕으로 즐거움을 느끼는 과정이고, 유머는 지나치게 심각하지 않은 태도로서 고통을 웃음으로 변화시키는 과정이며,

승화는 갈등과 역경을 예술적 창조로 해소하는 과정입니다. 그리고 억제는 밝은 면을 봄으로써 인내하는 과정을 말합니다. 이러한 성숙한 방어기제를 적용하면 불행했던 과거와 절망적인 중년기를 보냈더라도 노년에 이르러 풍요로운 인간관계를 유지하며 행복하게 살 수 있다는 것입니다.

베일런트는 행복한 삶을 위한 세 번째 요인인 '사랑'에 대해서 다음과 같이 말합니다. "행복은 사랑을 통해서만 온다. 더 이상은 없다." 고대 로마 시인 베르길리우스 역시 "사랑은 모든 것을 이겨낸다"라고 말한 바 있으며, 러시아의 작가 톨스토이 또한 "누군가를 열렬히 사랑하는 사람만이 크게 슬퍼할 수 있다. 그러나 슬픔을 치유하는 것 역시 사랑이다"라며 사랑의 힘에 대해 역설한 바 있습니다. 베일런트도 "당신을 사랑해주는 누군가가 있다면 당신의 인생은 성공한 것입니다"라는 면담 자료를 제시합니다. 요컨대, 사랑은 인간의 삶에서 기쁨과 성공을 안겨주는 가장 중요한 역할을 하며, 인생의 후반기에 잃어버린 사랑을 회복하는 것이 남은 인생을 행복하게 하는 요인이라는 겁니다.

이러한 요인 외에도 평생에 걸친 교육, 안정적인 결혼생활, 45세 이전의 금연, 적당한 음주, 규칙적인 운동, 적당한 체중 등을 행복한 삶을 위한 요인으로 제시하고 있습니다. 교육수준 또한 건강한 노년을 위해 매우 중요한 요인으로 드러났는데, 한 예로 이너시티 집단에서 학부를 졸업한 대상자의 평균 수명은 79세였고, 대학원에 진학한 대상자의 평균 수명은 83세였습니다. 이는 학위를 취득하는 것이 중요하다기보다는 공부 혹은 배움을 지속하는 것이 중요하며 그것이 삶을 행복으로 이끈다는 점을 보여줍니다.

그런데 무엇보다도 행복한 노년의 요인으로 '건강'을 뺄 수 없습니다. 만약 55세 이전에 사망하지 않았다면, 45세 이전에 금연을 하고 규칙적인 운동을 통해 체중과 혈압을 지속적으로 조절한다면 80세와 90세까지도 건강을 유지할 수 있다고 합니다. 물론 행복한 노년을 위해서는 정신 건강과 신체 건강이 모두 필요합니다. 자신과 자신의 인간관계를 충실히 돌보면서 사랑이 빈곤하지 않는 사람이 노년까지 행복하게 살 수 있는 것입니다.

우리의 미래는 일시적인 생각이나 몇 마디 말로써가 아니라, 지금 어떤 일을 하는가에 달렸습니다. 현재의 행동이 미래의 삶을 좌우할 수 있다는 것입니다. 시간은 모든 것을 변화시킵니다. 그러한 변화 속에서 사람은 지혜를 얻고 성장을 합니다. 철학자 세네카는 "삶을 배우려면 일생이 걸린다"라고 했습니다. 이 말은 인생이란 희로애락을 경험하고 수용하면서 그것을 통해 나름의 교훈을 얻어나가는 성장의 과정임을 의미합니다. 그러므로 나이 든다는 것은 쇠퇴가 아니라 진보를 의미합니다. 언젠가 죽음 앞에 이를 모든 사람에게 주어진 삶의 과업인 것입니다. 『행복의 조건』을 통해 지금 여기서 내가 무엇을 하고 있는지 되돌아보는 시간을 갖고 행복의 본질을 이해할 수 있기를 바랍니다.

29. 인류는 여성적인 세상으로 진화한다

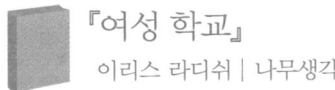
『여성 학교』
이리스 라디쉬 | 나무생각

현대 사회의 심각한 문제 중의 하나는 '저출산과 고령화'입니다. 그리고 이 문제의 핵심에는 '여성'이 있습니다. 지난 세기 동안 여성은 인류의 인구 증가에 적절히 기여한 한편, 이른바 페미니즘을 주축으로 많은 희생을 치르면서 여성에 대한 차별과 억압에도 맞서왔습니다. 그 결과 남녀평등이라는 쾌거를 이뤄냈지만 동시에 자식을 위해 필요 이상으로 희생하기를 거부하면서 출생아 숫자의 감소를 초래하게 되었습니다.

재능과 능력을 갖춘 여성들의 활동이 사회 각 분야로 확산되고 있는데도 여전히 가정에서의 문제들이 그들의 사회 활동을 방해하고 있는 실정입니다. 영국 경제 주간지 《이코노미스트》가 한국에서 가장 저평가된 자원으로 '여성'을 꼽은 적이 있습니다. 대학 진학률이 남성보다 높고 전체 공무원 중 여성의 비율이 41.8%를 차지할 만큼 우

무엇이나 다 정한 때가 있다. 하늘 아래서 벌어지는 무슨 일이나 다 때가 있다. 울 때가 있으면 웃을 때가 있고 허물 때가 있으면 세울 때가 있다. 한탄할 때가 있으면 춤출 때가 있다. 서로 껴안을 때가 있으면 그만둘 때가 있다. 솔로몬의 말뜻은 일정에 맞게 처리할 수 있는 건 없다는 의미일 것이다. 그러나 그가 알지 못했던 것은, 단 한 번도 때에 맞게 웃고 모일 수 없게 될 사람들, 특히 그런 엄마들이 앞으로 존재할 것이라는 사실이었다.

— 본문 중에서

수한 자원인 여성들이 육아를 전적으로 떠맡고 있어 자신의 역량을 제대로 발휘하지 못하고 있는 게 우리 사회의 갑갑한 현실이라고 보았던 겁니다. 보통 육아의 책임까지 짊어진 직장 여성들은 야근이나 회식이 당연시되는 풍토에서 상사나 동료들의 눈치를 봐야 합니다. 직장 여성들은 이러한 이중고를 피하기 위해 자연스레 생명의 순환마저 포기하게 되는 것입니다. 이것은 개인이나 국가 모두에게 막대한 손실로 작용합니다.

생물학자 최재천 교수는 "여성과 남성은 각각 눈높이 교육을 실시해야 하며 남성은 배워야 하고 여성은 되돌아봐야 한다"고 강조한 바 있습니다. 『여성 학교』는 더 이상 사랑으로 열매 맺기를 거부하는 우리 사회와 앞으로 더욱 확장될 여성의 역할에 대해 저자의 체험을 바탕으로 쓴 책입니다. 이 책을 통해 우리 시대의 여성과 남성이 각자의 역할을 다하면서 아이 있는 세상에서 서로 건강하고 활기차게 살아갈 활로를 찾아보고자 합니다.

당면한 출산 문제를 본격적으로 언급하기 전에 먼저 한국의 인구 전망부터 살펴보고자 합니다. 한국의 인구 전망은 심각할 정도로 비관적인 상황입니다. 통계청의 인구 추계결과를 살펴보면 총인구가 2018년을 정점으로 4,934만 명까지 증가하다가 그 후 계속해서 감소하여 2030년에는 4,863만 5천 명에 이르게 됩니다. 반면 노인 인구는 계속적으로 증가하여 2018년에는 전체 인구의 14.3%로 고령사회로 진입하고, 2026년에는 20.8%로 초고령 사회에 들어가게 될 것입니다. 더 큰 문제는 노인 세대가 증가하는 데 반해 젊은 세대는 감소해 2030년에는 2.7명당 노인 1명, 2050년에는 1.4명당 노인 1명을 부양하게 될 것이라는 점입니다.

인구가 줄어들면 정말 안 좋은 것일까요? 당연한 얘기입니다. 역사를 살펴보면 인구가 많은 나라가 인구가 적은 나라를 점령해왔습니다. 이러한 현상이 다시 반복되지 말라는 법은 없습니다. 그러지 않기 위해서는 출산율을 높여야만 합니다. 하지만 한국 사회에서 아이를 키우기 위해서는 엄청난 비용이 듭니다. 그리고 그 비용의 대부분은 개인이 감당해야 합니다. 그렇다면 그런 비용을 치르면서도 아이를 낳아야 하는 이유는 무엇일까요?

이 책의 저자 이리스 라디쉬는 아이 셋을 둔 일명 '워킹맘'인데, 필자와도 같은 처지여서 책 내용의 많은 부분에 공감할 수 있었습니다. 저자는 아이가 태어남으로 해서 무언가 결핍된 삶에 새로운 의미가 부여됨을 느꼈다고 합니다. 그리고 인생에서 자식이 존재한다는 사실이 주는 압도적인 힘과 행복은 직접 체험해보지 않으면 모른다고 덧붙입니다. 또한 현재 여성들이 아이를 낳지 않는 이유가 물질적인 결핍 때문이 아니라 이해득실을 따지는 이기심 대문이라며 어떻게든 아이를 이 이해타산의 쳇바퀴에서 꺼내야만 한다고 말합니다.

저자는 아이를 하나 더 낳을 때마다 조금씩 후퇴가 필요했다며 고충을 털어놓습니다. 처음에는 깨닫지 못했으나 아이들이 조금씩 성장하면서 엄마의 역할에 불신을 표하기도 하고, 아이들을 어린이집에 보내면 늘 각종 바이러스에 감염되어 와 병원을 다녀야만 했던 것입니다. 물론 시간이 지나면서 아이들은 엄마의 직장생활에 적응해 갑니다. 그러나 역시나 해결되지 않는 문제가 남아 있습니다. 바로 자녀의 양육 문제에 아버지는 여전히 배제되어 있다는 것입니다. 아이 문제에 있어 여성들을 괴롭히는 불평등은 결국 남성중심의 가부장제, 혹은 남녀의 사회적 역할 갈등으로까지 이어집니다. 이러한 문제는 아이를 낳지 않는 가정을 양산하고 결국은 이혼고아를 만드는 원인이 됩니다.

그런데 요즘 새롭게 등장한 아빠들이 있습니다. 이전 아빠들이 아이들에 대해서 '나 몰라라' 하는 자세였다면, 요즘 아빠들은 수영장 개장 시간에 맞춰 딸의 친구들까지 데려다주고, 아이들이 좋아하는 만화 주인공을 줄줄이 꿰고 있으며, 자녀가 즐겨먹는 치즈가 무엇인지까지 훤히 꿰고 있다고 합니다. 이대로라면 곧 이런 아빠들로 가득한 시대가 올 것입니다. 이들은 신(新)부성이라는 새로운 개념을 낳게 됩니다. 지금까지 아이와의 접촉과 놀이는 엄마의 전유물이었습니다. 하지만 그 낡은 역할 모델을 부수고 아이와의 정서적인 교류와 소통을 시도하는 아빠가 등장함으로써 이전의 아빠들이 발견하지 못한 감동을 얻게 되는 것입니다.

아이들의 성장 환경을 살펴보면, 양쪽 부모 모두와 유대관계를 갖고 결속력을 다져온 아이는 일반적으로 학업 능률이 높고 심리적 안정감이 크며 독립심도 강합니다. 아이의 행복과 불행이 아빠와 엄마 모두의 보살핌에 의해 직접적인 영향을 받는다는 뜻입니다. 유아기에 부모로부터 고루 보살핌을 받은 아기가 원초적으로 강력한 행복 상태에 있는 것을 관찰할 수 있는 것도 이 때문입니다. 결국 육아 문제에 있어서 엄마의 역할만이 아니라 아빠의 역할도 강조되어야 한다는 겁니다. 남성이 여성의 역할을 공유해야 하는 것입니다. 그러므로 지금 우리에게 필요한 것은 남성의 새로운 여성성입니다. 여성은 그동안 남성의 영역을 정복해왔습니다. 이제는 남성들이 행동해야 할 시기입니다. 그래서 여성의 절반을 정복해야 하는 겁니다.

물론 그런 일이 이뤄진다고 해도 여전히 육아에 있어 문제는 남습니다. 이제 우리 시대의 가정에 부족한 것들을 찾아봄으로써 현재의 문제를 해결해볼까 합니다. 먼저 이렇게 질문해봅니다.

"누가, 언제, 누구를, 혹은 무엇을 돌보나?"

아마도 이것이 맞벌이 부부가 뛰어넘을 수 없는 한계일 것입니다. 아이와 곤충을 채집해보고, 모래에 이름을 써보고, 하늘의 별을 관찰해보고, 동화책을 함께 읽어보고, 눈밭에서 뒹굴며 눈사람도 만들어보고, 날아가는 철새도 바라보고 싶은데, 이런 모든 유년기의 1차적인 체험을 아이와 함께 해줄 수 없다는 것입니다. 이것은 경제활동을 중심으로 움직일 수밖에 없는 가정이 겪는 중대한 결핍입니다. 부모와 아이 모두가 일상의 감동들을 차단당하고 있는 것입니다.

유년기의 1차적인 체험의 중요성에 대해서는 굳이 언급하지 않아도 될 것입니다. 오늘날 아이들의 1차적인 체험의 빈곤은 아이와 가정에 재앙이나 다름없다고 저자는 강조합니다. 그들의 미래는 1차적인 체험 여하에 달렸습니다. 1차적인 체험의 자본을 잃는다면 그 가정은 바람직한 가정이라 할 수 없으며 아이 또한 건강하게 성장할 수 없습니다. 하지만 안타깝게도 아이에게 꼭 필요한 1차적인 체험을 함께할 수 없는 부모들이 더욱 늘어날 것이라는 건 어쩔 수 없는 사실입니다.

저자는 독일의 경우를 예로 들며, 출산 후 1년 동안 지급하는 출산장려금으로는 현대 가정의 주요 문제를 해결하는 데 아무런 도움이 되지 않는다고 말합니다. 육아 시스템의 확충은 절대적으로 필요하지만 그것 또한 가정 친화성에 대한 욕구를 해결해 줄 수는 없다는 겁니다. 육아를 위한 제도적인 확충은 오히려 부모의 무제한적인 직업활동을 불러올 수 있다는 사실을 간과해서는 안 됩니다.

우리나라의 양육 현실도 크게 다르지 않습니다. 정부가 꾸준히 출산 및 육아에 관한 정책을 내놓고 있지만, 현재 정책에서 개선되어야 할 점은 비정규직 여성근로자의 산전후휴가에 대한 고용안정성의 확보와 보장된 육아휴직을 마음 편히 사용할 수 있는 조직 분위기입니다. 더욱이 현재의 육아휴직 제도로는 남성이 가족 돌봄에 참여하기가 어려운 실정입니다. 이 밖에도 일과 가정을 양립하기 위한 보육시스템을 비롯한 전반적인 환경을 갖추어야 합니다. 다자녀가구에 대한 대학장학금 혜택 및 맞벌이가정, 저소득층가정, 장애아, 다자녀가정 등에 국공립 보육시설의 수혜도 제도적으로 확충해야 합니다. 또한 보건 및 복지 부문에서는 출산 전 초음파 검진의 비급여 문제나 임산부가 받는 일반적인 검진이 건강보험 급여대상에 속하지 않아 경제적 부담이 되고 있는 문제 또한 개선해야 할 사항입니다. 저출산 문제에 대한 우리 사회의 해법은 일하는 여성에게 있기 때문에 양질의 시간제 일자리와 보육 환경 등의 획기적인 제도 개선만이 해결 방안이 될 것입니다.

지금 우리의 여성은 일과 가족에 매달려 살아가고 있습니다. 인생에서 주어진 시간을 어딘가에 열심히 쏟아 붓고 있는 것입니다. 그런데 과연 아이들과는 얼마나 많은 시간을 보내고 있는지 되돌아보아야 합니다. 가족에게 무엇보다 중요한 것은 함께 어울리며 몸으로 체험하는 순간들입니다. 진정 온종일 일하고 고작 1시간 마주보는 가정을 바라는 것인지 스스로에게 물어보아야 합니다.

저자는 우리가 인구를 다시 늘리고 싶다면 우리 가족의 환경이 변해야 한다고 충고합니다. 아버지와 어머니가 자기 자신을 위할 시간이 넉넉하게 보장되는 것이 핵심적인 요소이며, 그것이 허용될 때 우리의 가정이 달라질 수 있다는 겁니다. 가족 또한 가족 자체를 위한 시간이 필요합니다. 맞벌이 부부는 계속 증가합니다. 여성의 취업률은 점점 높아질 것이고, 여성은 능력을 더욱 인정받게 될 것입니다. 그러나 아이들이 부모와 함께 있을 시간이 필요하다는 것을 잊어서는 안 됩니다. 그것은 가족의 생명을 지키는 시간이며 건강한 가정이 되는 방법입니다. 우리는 미래의 가족을 향해 외쳐야 합니다. 우리에겐 아이들과 함께할 넉넉한 시간이 필요하다고 말입니다.

필자는 자주 후배들에게 "행복한 가정은 행복한 어머니가 만든다"고 얘기하곤 했습니다. 우리 사회를 건전하고 바람직한 사회로 만드는 것은 올바른 사고방식을 지닌 대다수의 국민임은 두말할 나위 없는 사실입니다. 그 국민은 건강하고 화목한 가족과 어머니로부터 출발합니다. 우리 사회가 자애로운 여성의 혼명한 지혜와 능력을 적극적으로 활용한다면 분명한 변화와 큰 진전이 있을 것이라고 믿습니다.

30. 인생에서 가장 멋진 시간, 노년

『나는 죽을 때까지 재미있게 살고 싶다』
이근후 | 갤리온

이 책의 제목을 처음 봤을 때 왠지 끌리는 것을 느낄 수 있었습니다. 누구나 노년을 준비해야 하고 특히 즐거운 노년이라는 말이 와 닿았던 겁니다. 이 책의 저자인 이근후 교수는 50년간 정신과의사로 일하며 환자를 돌보고 학생들을 가르쳤습니다. 은퇴 후에는 다시 배움의 길로 들어서 76세의 나이에 고려사이버대학 문화학과를 수석 졸업했습니다. 그는 10년 전 왼쪽 눈의 시력을 잃었고 현재도 일곱 가지 병과 살아가고 있습니다. 그럼에도 불구하고 그는 여전히 인생의 즐거움에 대해 설파합니다. 저자는 이 책에서 '나이답게' 늙어가는 방법에 대해서 이야기합니다. 나이에 맞게 재미를 찾아가는 요령을 몸소 체득한 경험을 통해 전해주고 있습니다. '어떻게 나이 들 것인가?' 이는 한 번쯤 스스로에게 던져보아야 할 질문입니다. 만약 '100세 시대에 어떤 모습으로 나이 들 것인가?'라는 물음에 해답을 찾고 있다면 인생의 황금기는 바로 지금이다.
돌아보면 매 시기가 행복이고 황금기였다.
죽음이 코앞에 있는데 뭐 그리 행복하냐고 하겠지만
죽음이 오기 전까지 나는 언제나
인생의 황금기를 살고 있다고 믿는다.

― 본문 중에서

이 책을 통해 얻을 수 있을 것입니다.

　로마의 웅변가 키케로는 그의 저서 『노년에 관하여』에서 평생지기 친구에게 이렇게 노년을 예찬합니다. "인생과 자연의 길은 하나뿐이며, 그 길은 한 번만 가게 되어 있네. 그리고 인생의 모든 단계에는 고유의 특징이 있네. 소년은 허약하고, 청년은 저돌적이며, 장년은 위엄이 있으며, 노년은 원숙한데, 이런 자질은 제철이 되어야만 거둬들일 수 있는 자연의 결실과도 같은 것이라네." 이처럼 우리는 다가오는 노년을 두려워할 이유가 없습니다. 노년은 청춘의 소실이 아니라 인생의 완숙을 향해 가는 길이기 때문이죠. 노년으로 가는 길은 자연의 이치를 수용하고 밟아가는 아름다운 과정입니다.

나이 들어 좋은 점

먼저 저자는 나이 들어 좋은 점을 조목조목 알려줍니다.

첫째, 나이가 들었다고 억울하다는 생각만 버린다면 이전에 느끼지 못했던 감동들을 새롭게 느낄 수 있습니다. 아침마다 깨어났다는 것에 감사할 수 있고, 저녁이면 별을 보며 감탄할 수 있고, 기쁨과 슬픔과 사랑에 감응할 수 있습니다. 젊었을 때는 오히려 넘쳐서 느끼지 못했던 감정들이 나이가 들면서 더욱 도드라지게 됩니다. 그럼으로써 여전히 살아 있는 행복한 존재임을 확인할 수 있습니다. 이런 신비스런 체험은 젊었을 때는 좀처럼 하기 어려운 것입니다.

둘째, 생활이 단순해지고 책임과 의무가 줄어들어 어디에도 얽매임이 없는 자유로운 시간이 늘어납니다. 몸이 노쇠해짐에 따라 쉬엄쉬엄 살아보는 혜택이 생기는 겁니다. 또한 긴 시간이 걸리는 새로운 일에 도전해 볼 기회도 생깁니다. 시간이 넉넉하기 때문에 좀 서툴러도 스스로를 기다려 줄 수 있는 여유로움도 갖게 됩니다. 저자는 일생 동안 해 온 공부 중에서 일흔이 넘어 입학한 사이버대학의 공부가 제일 재미있었다고 말합니다. 인간은 살아 있는 한 사고의 진보가 필요합니다. 노년이란, 육체는 늙었지만 생각이 더 깊고 넓어지는 확장의 시기라 할 수 있습니다. 노년은 하고 싶었던 '쓸데없는 공부'를 하기에 가장 좋은 때일 겁니다. "꿈을 밀고 가는 힘은 이성이 아니라 희망이며, 두뇌가 아니라 심장이다. 우리에겐 무한한 가능성이 있다." 도스토예프스키의 이 말에 설렐 수밖에 없는 이유입니다.

셋째, 외롭다고 말해도 된다는 것입니다. 미치 앨봄은 그의 책 『천국에서 만난 다섯 사람』에서 "우리가 인생에서 낭비한 시간은 외롭다고 생각하며 보낸 시간들이다"라고 말했습니다. 노년을 가장 힘들게 만드는 것은 경제적인 어려움보다 외로움입니다. 외로움은 돈으로 해결되지 않기에 나이가 들면 직접 사람을 찾아나서야 합니다. 몸을 움직여 그리운 사람을 만나고 이야기 나누는 시간을 자주 가져야 합니다. 외로움을 없애는 방법은 다른 사람을 사랑하는 것입니다. 사랑하는 능력을 터득하고 학습해야 나이 들어 외롭지 않게 지낼 수 있습니다. 무엇보다 사람과 사물에 대한 관심을 잃지 말고 자신의 가슴 속에 사랑의 화초를 키워야 합니다.

넷째, 가끔은 철들지 않은 모습으로 모두에게 행복을 선사할 수 있습니다. 나이답게 산다는 것은 언제나 형식에 맞추어 엄숙하게 살라는 말은 아닙니다. 스승이 제자의 환갑을 치러 주는 것이 제자를 아끼는 방식이라면 때로는 그러한 일탈을 통해서 모두에게 건강한 웃음을 선사할 수도 있는 것입니다. 한 번쯤 형식을 깨고 하고 싶은 대로 해보면 그다음엔 언제든 그동안의 억압을 떨쳐내고 자유를 만끽할 수 있습니다.

노화에 적응하는 다섯 가지 유형

정신분석가 에릭슨에 따르면, 삶에 건강하게 적응한 노인은 타인과 융화하는 긍정적인 인격을 갖게 되고, 건강하게 적응하지 못한 노인은 외로움을 겪게 된다고 합니다. 이처럼 노화에 적응해가는 노인의 유형에는 다섯 가지가 있습니다.

첫째는 세상과 인연을 끊고 사회활동을 중지하는 은둔형입니다. 화려한 젊은 시절로 되돌아갈 수 없는 자신을 초라하게 여겨 사람들 앞에 나타나지 않는 것입니다. 둘째는 세상이 돌아가는 것을 보고 분

노하고 사사건건 불평하는 분노형입니다. 셋째는 자신의 인생을 부정적으로 생각하고 모두가 자기 탓이라고 자학하는 자학형입니다. 넷째는 스스로 동기를 부여하여 젊었을 때보다 더 열정적으로 생활하는 무장형입니다. 다섯째는 지난날을 정직하게 바라보며 변화를 수용하는 성숙형입니다. 이러한 노인의 유형 중에 우리가 지향해야 할 것은 세월의 흐름을 인정하고 자신을 솔직하게 내보이며 홀가분하게 인생을 마무리하는 성숙한 모습의 노인입니다.

성숙한 노인이 되기 위한 방법

그렇다면 성숙한 노인이 되기 위해서는 어떤 노력을 해야 할까요?

첫째, 시간이 변함에 따라 자신의 쓸모도 변할 수 있다는 사실을 수용해야 합니다. "젊어서는 부모에게 의지하고 늙어서는 자식에게 의지하라"는 공자의 말이 있습니다. 이 말은 부모는 자식에게 의지하라는 의미가 아니라 자식의 시대가 왔음을 받아들이라는 것입니다. 자식의 의견과 결정을 존중하고 따라야 한다는 겁니다. 자식에게 걸림돌이 아닌 보호벽이 되어주라는 뜻이기도 하고요. 한 분야에서 오랫동안 전문가의 길을 가다가 스스로 때를 알고 물러나는 것은 대단히 멋진 마무리입니다. 이근후 교수가 퇴임 후 제자들과의 저녁 모임에서 "이제부터는 여러분들이 나의 스승이 되어 많은 정보와 가르침을 준다면 쓸모 있는 늙은이가 되어 보겠다"고 하자 제자들은 아낌없는 박수를 보냈다고 합니다. 이처럼 사람은 세월의 흐름에 따라 쓰임의 방식이 바뀌게 됩니다. 그렇다면 스스로 그 '쓰임'을 발견하는 것이 성숙한 노인이 되는 요령일 것입니다.

둘째, 자신에게 너그러워지고 가족에게 편안한 사람이 되어야 합니다. 인간의 감정은 큰 불행보다 일상의 작은 불화들에 더 쉽게 휩쓸리곤 합니다. 그런 감정들을 쌓아두었다가 어느 순간 폭발시키는 일은 피해야 합니다. 사소하게 일어나는 화와 분노를 잘 다룰 수 있어야 어른이라고 할 수 있습니다. 그것은 삶에 대한 너그러움이 있어야 가능합니다. 그러다 보면 가족의 행복을 위해 때로는 재롱도 부릴 줄 아는 여유가 생기는 것입니다.

셋째, 좋아하는 사람들과 함께 있는 시간을 자주 가져야 합니다. 인생에서 만나는 수많은 사람들이 곧 자신의 인생이 됩니다. 그 수많은 인연이 내 생의 궤적으로 남는 것입니다. 저자는 50여 년에 걸친 인간관계를 통해 상대의 특별한 점을 기억하라고 조언합니다. 상대의 장점을 알면 좋은 인간관계를 맺기가 쉬워지기 때문입니다. 좋아하는 사람들에게 조촐한 식사를 대접하거나 사진집을 선물하는 자리를 마련하는 것도 좋을 것입니다. 존 러스킨은 "인생은 흘러가는 것이 아니라 채워지는 것"이라고 한 적이 있습니다. 하루하루의 시간을 무엇으로 채우느냐에 따라 내 인생이 달라질 수 있습니다. 사람들과 함께하며 다양한 이야기와 보석 같은 노하우로 내 인생을 채울 수 있다면 그보다 큰 행운도 없을 겁니다.

넷째, 인생의 마감을 대비하고 삶이 자연스럽게 흘러가게 해야 합니다. 사랑도 중요하지만 죽음이라는 이별에 잘 대처하는 것도 그 못지않게 중요합니다. 평소에 늙음을 자연스럽게 받아들이고 죽음을 맞이할 준비를 해두어야 조금이나마 충격을 줄일 수 있습니다. 보들레르가 말했습니다. "사랑하면서 가장 중요한 것은 이별하는 방법을 아는 것이다." 죽음은 우리를 인생의 모든 것과 이별하게 합니다. 그러나 아직 사랑을 나눌 시간이 충분하다는 것을 잊지 말아야 합니다.

누구나 인생을 돌아보면 한두 가지 후회할 만한 일이 있기 마련입니다. 하지만 내게 주어진 임무에 최선을 다했고 그것을 성취해냈다면 그 인생은 충분히 만족스러울 것입니다. 물론 그런 성취는 늘 자신을 되돌아보고 시대의 변화에 적응해갈 때 가능합니다. 그러므로 아름다운 노년을 만드는 핵심은 자기성찰과 변화를 수용하는 데 있습니다.

오카자키 타로는 "누구에게나 선택의 기회는 있다. 현재의 안정된 상황에 머물지, 더 발전하기 위해 노력할지, 새로운 일에 도전할지 그건 각자의 몫이다"라고 말했습니다. "무언가를 시작하기엔 늦은 나이란 없다"는 것은 한계 수명 100세 시대에 무척 어울리는 말입니다. 인생의 행로는 언제나 '지금 이 순간'에 달렸습니다. 그것을 깨닫지 못하는 이들은 언제나 다른 먼 곳에 시선을 둔 채 불안해하기 마련입니다. 경영학자 피터 드러커는 이렇게 조언합니다. "인생 2막을 위한 단 하나의 필요조건은 인생 2막을 시작하기 훨씬 이전부터 준비하고 있어야 한다는 점이다." 그의 조언처럼 막연히 '언젠간'을 그리지 않고 지금 당장 무언가를 시도한다면 즐거운 인생 2막을 열 수 있지 않을까요?

키케로가 말한 죽음의 지혜를 전하는 것으로 글을 마칠까 합니다. "끝이 있는 한 그 어떤 것도 내게는 길다고 여겨지지 않네. 끝이 오면 이미 지나간 것은 사라져 버리니까. 남는 것은 자네의 미덕과 올바른 행동으로 이룩한 것뿐이라네."

참고문헌

『3분 고전』, 박재희, 작은씨앗, 2010

『3초 만에 행복해지는 명언 테라피』, 히스이 고타로, 서인행 옮김, 나무한그루, 2006

『가끔은 제정신』, 허태균, 쌤앤파커스, 2012

『경영·경제·인생 강좌 45편』, 윤석철, 위즈덤하우스, 2005

『경청』, 조신영, 박현찬, 위즈덤하우스, 2007

『고유함이 들려주는 것들』, 마크 네포, 박윤정 옮김, 흐름출판, 2012

『나는 죽을 때까지 재미있게 살고 싶다』, 이근후, 갤리온, 2013

『난문쾌답』, 오마에 겐이치, 홍성민 옮김, 흐름출판, 2012

『내가 알고 있는 걸 당신도 알게 된다면』, 칼 필레머, 박여진 옮김, 토네이도, 2012

『노년에 관하여 우정에 관하여』, 마르쿠스 툴리우스 키케로, 천병희 옮김, 숲, 2005

『답은 내는 조직』, 김성호, 쌤앤파커스, 2012

『닿는 순간 행복이 된다』, 이달희, 예담, 2012

『드러커 100년의 철학』, 피터 드러커, 남상진 옮김, 청림출판, 2004

『디테일의 힘』, 왕중추, 허유영 옮김, 올림, 2011

『리더는 사람을 버리지 않는다』, 김성근, 이와우, 2013

『마음을 열어주는 101가지 이야기』, 잭 캔필드 外, 류시화 옮김, 이레, 2001

『메종 드 아티스트』, 정상필, 갤리온, 2010

『못 가본 길이 더 아름답다』, 박완서, 현대문학, 2010

『받아들임』, 타라 브랙, 김선주 옮김, 불광, 2012

『사람은 무엇으로 성장하는가』, 존 맥스웰, 김고명 옮김, 비즈니스북스, 2012

『사랑을 배우다』, 무무, 양성희 옮김, 책 읽는 수요일, 2010

『살아온 기적 살아갈 기적』, 장영희, 샘터사, 2009

『살아 있는 것은 다 행복하라』, 법정, 조화로운 삶, 2006

『살아 있는 동안 꼭 해야 할 49가지』, 탄줘잉, 김명은 옮김, 위즈덤하우스, 2007

『삶의 정도』, 윤석철, 위즈덤하우스, 2011

『새로운 미래가 온다』, 다니엘 핑크, 김명철 옮김, 한국경제신문사, 2006

『생각』, 허성도, 사람과책, 2006

『성장을 멈춰라』, 이반 일리히, 이한 옮김, 미토, 2004

『쇼펜하우어의 행복콘서트』, 쇼펜하우어, 이혁재 옮김, 예인, 2011

『스님의 사춘기』, 명진, 이솔, 2011

『스마트한 생각들』, 롤프 도벨리, 두행숙 옮김, 걷는나무, 2012

『스웨이』, 오리 브래프먼, 강유리 옮김, 리더스북, 2009

『승자의 안목』, 김봉국, 센추리원, 2013

『심플하게 산다』, 도미니크 로로, 김성희 옮김, 바다출판사, 2012

『아름다운 마무리』, 법정, 문학의 숲, 2008

『아름다운 삶, 사랑, 그리고 마무리』, 헬렌 니어링, 이석태 옮김, 보리, 1997

『어른의 학교』, 이윤기, 민음사, 1999

『어린아이처럼』, 김요한, 바이북스, 2011

『여성 학교』, 이리스 라디쉬, 장혜경 옮김, 나무생각, 2008

『우리는 어디로 가고 있는가』, 정구현, 청림출판, 2013

『윈씽』, 게리 켈러 외, 구세희 옮김, 비즈니스북스, 2013

『위대한 기업은 다 어디로 갔을까』, 짐 콜린스, 김명철 옮김, 김영사, 2010

『인생의 절반쯤 왔을 때 깨닫게 되는 것들』, 리처드 J. 라이더 外, 김정홍 옮김, 위즈덤하우스, 2011

『처음처럼』, 신영복, 랜덤하우스코리아, 2007

『천 개의 공감』, 김형경, 한겨레 출판사, 2006

『철학이 필요한 시간』, 강신주, 사계절, 2011

『카르마 경영』, 이나모리 가즈오, 김형철 옮김, 서돌, 2005

『태도의 차이』, 김남인, 어크로스, 2013

『톨스토이와 행복한 하루』, 레프 톨스토이, 이항재 옮김, 에디터, 2012

『통섭의 식탁』, 최재천, 명진출판, 2011

『피터 드러커의 위대한 혁신』, 피터 드러커, 권영설 옮김, 한국경제신문사, 2006

『행복의 비밀』, 조지 베일런트, 최원석 옮김, 21세기북스, 2013

『행복의 조건』, 조지 베일런트, 이덕남 옮김, 프런티어, 2010

『행복한 나라 부탄의 지혜』, 사이토 도시야 外, 홍성민 옮김, 공명, 2012

『회복탄력성』, 김주환, 위즈덤하우스, 2011

『CEO, 고전에서 답을 찾다』, 유필화, 흐름출판, 2007